▼イラスト図解

後悔しない介護サービスの選び方【10のポイント】

介護福祉ジャーナリスト
田中 元
Hajime Tanaka

ぱる出版

まえがき
後悔しない介護サービスを選ぶポイントをやさしく解説！

総務省の調査によると、2017年10月時点で65歳以上の人口は27%を超えています。また、65歳以上の人がいる世帯も、全世帯の半分となっています。

昔に比べて「65歳なんてまだまだ若い」と言われますが、人によっては糖尿病や脳梗塞を発症したり、ちょっとした不注意で転倒→骨折といったケースはやはり増えてきます。

そうなると、特別な健康管理やリハビリのほか、食事や排せつ、入浴など生活の一部にサポートが必要になります。これらを家族だけでまかなうのは、同居家族が少なかったり、家族も高齢化している時代ではかなり難しいと言わざるをえません。

そこで、介護保険によるものをはじめ、さまざまな介護サービスが必要になります。

介護保険サービスも、利用するには一定の自己負担金が発生します。当初は1割負担だけでしたが、社会保障の財政が厳しくなってくると、ある程度の所得がある人には2割、3割の負担が発生することになりました。また、特養ホームなどの施設に入ると、やはり所得によって家賃にあたる居住費や食費も負担しなければなりません。

「それだけのお金を支払うなら、後悔しないサービス選びを」と考えるのは当然です。

しかし、「まだまだ」と思っている人にとって、普段から介護サービスのことを考える習慣はほとんどないでしょう。そのため、いざ必要となったときに、「どんなサービスをどのように選べばいいのか」について悩んでしまうことも多いはずです。

そうした**「介護サービス初心者」の方々のために、介護サービスを選ぶ際に「どんな点に注目すればいいか」というヒントを集めたのが本書**です。

私は、20年以上介護の現場を取材していますが、その中で「いい介護サービスに共通する特徴は何か」を探り続けてきました。その財産を、これから介護サービスを使おうと考える人たちに少しでも分けることができないか——という思いをこめて編んだつもりです。

ネットなどが普及する現代では、ともすると情報があふれすぎて、大切なポイントを見失ってしまいがちです。そうしたときに手にとっていただき、自分の中の「サービス選びの羅針盤」として活用していただければ幸いです。

２０１９年2月

介護福祉ジャーナリスト　田中 元

イラスト図解

後悔しない介護サービスの選び方【10のポイント】

もくじ

第2章 わが家を中心として受けるサービス

第3章 住み替えや施設入所で受けるサービス

第4章 介護保険の給付外で注目したいサービス

［巻末ガイド］

チャートでわかる・介護サービス早見表

利用条件　申請方法　かかるお金

イラスト：田川詠梨
本文DTP：ヨコイクリエイティブ

プロローグ

【情報収集の手段を知る】

知りたい情報を素早く手に入れる方法

1 介護サービスを使いたい！ では、その情報をどうやって集めますか？

ケアマネさんに聞く？　それだけで知りたい情報が集まるの？

自分の親や配偶者、さらには自分自身に「介護」が必要になったとします。

そこから「介護サービスを使いたい」として、「地域にどんなサービスがあるのか」とか「どの事業者を選べばいいのか」といった情報をどうやって集めたらいいのでしょうか？

「介護保険が使えるサービスなら、ケアマネジャーさんに聞く」という人もいるでしょう。

なるほど――しかし、ケアマネジャーは、公正中立の立場から「特定の事業者をおすすめする」ことはできません（それをやると法令違反となります）。あくまで複数の事業者の情報を客観的に、そして、ひいき目なしに伝えてくれるだけです。

となれば、「こちらが知りたい条件やデータを、うまく整理してわかりやすく伝えてくれるか」というケアマネジャーの力量が問われることになります。

いいケアマネジャーに当たれば、「いい情報」も手に入ることになるわけです。

サービス選びの「入口」からつまずくことも

では、そうした「力量」のあるケアマネジャーをどうやって選べばいいでしょうか。

ケアマネジャーは、**居宅介護支援事業所**という所に所属しています（公務員ではありません！）。

居宅介護支援事業所とは、ホームヘルプサービスやデイサービスなどを利用する場合のプランニングやサービス事業者との連絡・調整などをしてくれる所です。

つまり、その居宅介護支援事業所をどうやって選ぶかが、介護サービスを利用するうえでの入口となるわけです（施設など居宅介護支援を通さずに利用できるサービスもありますが、施設を選ぶための情報などもお願いすれば提供してくれます）。

ちなみに、お役所の介護保険担当窓口に行けば、「居宅介護支援事業所のリスト」を渡してくれます。また、介護保険を使うには「要介護認定」を受けることが必要ですが（巻末参照）、その認定通知と一緒に先のリストも送られてくることになっています。

ただし、そのリストに書かれているのは、「事業所名と住所・連絡先だけ」という自治体も少なくありません。これでは、サービス事業者を納得して選ぶための「入口」からつまずいてしまうことになります。少しややこしい話になってきましたね。

他人任せにせず、わが家でも自主的な情報収集を

こうしたことを考えると、以下のようなことが言えるわけです。

①「いい居宅介護支援事業所」を選ぶための詳しい情報が、まず必要になる。

②仮に「情報提供の能力が乏しい」居宅介護支援事業所に当たってしまっても、ある程度補えるように、あらかじめ自分で介護サービス情報を集めておく。

②について言えば、ケアマネジャー側から情報を提供するという能力が〝いまいち〟でも、こちらから「この事業所はどうでしょうか？」という質問をするなど、やりとりを通してきちんとアドバイスしてくれる能力はある人もいます。

いずれにしても、自分で（ケアマネジャーに頼らずに）情報を集める方法をいくつか揃えておくことが必要になります。

なぜ、そんな面倒なことを……と思われるかもしれません。でも、考えてみてください。介護保険は私たちが支払う保険料で成り立っています。サービスを使えば、そのたびに一定の自己負担が発生します。つまり、安くない買い物をしているのと同じです。

スーパーで総菜を買う場合、多くの人は自分の目で品定めをするでしょう。仲買人のような「品定め」のプロにすべてお任せ、という人はほとんどいないはずです。

介護サービスの情報源となる「ケアマネジャー」について知っておこう

どこに所属しているの？

居宅介護支援事業所《大半の介護サービスを使う際、計画（ケアプラン）作成やサービス調整をしてくれる》

地域包括支援センター《地域での介護相談を一手に引き受ける機関。主任ケアマネジャーという上位資格者が》

医療機関など《居宅介護支援事業所を併設していれば、ケアマネジャーもいる。診療のついでに相談を》

居宅介護支援事業所のケアマネジャーに義務づけられていることは？

①ケアプラン作成に当たり、利用者に対して「地域の介護サービス事業所のサービス内容や利用料」などの情報を提供すること
②管轄外となる介護施設などへの入所・入居を利用者が希望している場合は、その施設などにかかる情報を提供すること
③利用者へサービス事業所の紹介を行なう場合には、複数の事業所を提示すること（利用者はそれを求めることができる）
→特定の事業所だけを「おすすめ」することはできない

注意点！

「特定の事業者」を無理にすすめるような場合は、役所の介護保険担当窓口に訴えよう！

しかも、介護サービスは、いつまで必要な状態が続くのかわかりにくいものです。途中で事業所を変えることもできますが、介護が必要な本人にとって「サービスを変える」のは、環境も変わったりするので、心身ともにそれなりの負担がかかります。

となれば、他人任せにするだけでなく、まずはわが家で情報を集めることが大切です。情報を集める中で目を肥やし、納得できるサービスを手にしやすくするわけです。

あふれかえる情報。どれをどう活用すればいいのか？

では、どうやって情報を集めればいいのでしょうか。

今の時代、情報を得るための手段はあふれかえっています。この場合、「手段」はあるけれど、多すぎて混乱してしまうことのほうが問題でしょう。

そこで、介護サービスの情報を集めるうえで、役に立つ手段をまず整理してみましょう。そのうえで、①どの手段を優先するか、②それぞれの手段を活用するうえで注意したいことは何か——この点を頭に入れながら、実際に情報を集めていきます。

次の項で、手段ごとの注意点や活用法について紹介したいと思います。

私たちは、介護保険にどれだけお金を使っているか？

40 歳以上の人が支払う介護保険料
（65 歳以上の人は、月当たり平均 5000 円程度が年金から引かれるケースも）

介護サービスを利用した場合の自己負担
（所得に応じて、利用料の1～3割を負担。残りは保険から給付される）

施設などを利用する場合の居住費（家賃にあたるお金）と食費（サービス利用の自己負担とは別に支払う）

その他の実費（アクティビティの材料費など）、介護タクシーの運賃、介護保険の給付限度額を超えた部分の全額負担など

介護保険のサービス利用は決して「安い買い物」ではない

↓

高いお金をかけるだけの価値があるかどうかをしっかり見極める必要がある

2 まずは、広報誌やネットなど広く流通するツールから情報を得る

1つの情報を複数のツールで3D的に見てみる

まず、日常で私たちが目にする「情報ツール」を活用してみましょう。

私たちが目にするものと言えば、新聞、雑誌、テレビなどのマスメディア、自治体などが出している広報誌・紙、そして今の時代なら何といってもネット情報です。

大切なのは、どれか一つに頼るのではなく、幅広く目を配ることです。

その際、1つのツールで得た情報について、他のツールで「裏を取る」方法もあります。

株などをやっている人であれば、このあたりのリサーチはお手のものでしょう。

たとえば、新聞や雑誌の記事で、「Aという企業が最寄りの地域で介護サービス事業を行なっていて、それが評判になっている」という情報を得たとします。

この情報をいろいろな視点から検証するには、どうすればいいでしょうか。

先のように「株などをやっている人」なら、「この企業がなぜ介護サービスに進出して

いるのか」を知ろうと、四季報やネット上の企業情報などに目を配るかもしれません。

もう少し介護サービスに詳しい人なら、人員配置や運営方針などを知るために、厚生労働省が運営している介護サービス情報公表のHPで検索をかけることもあるでしょう。

いずれにしても、1つのサービス情報をいろいろな視点から眺め、その姿を3D的に浮かび上がらせるわけです。こうした手法を、賢い介護サービス選びの第一歩とします。

【新聞・雑誌等のマスメディア】について

マスメディアで情報を集める場合、注意したいことがあります。それは、あなたが目にする記事は、記者が客観的な視点で書いたものとは限らないということです。

明らかに「広告」なら、「これは事業者の立場から発信したもの」というのはわかるでしょう。新聞の記事風でも、よく見ると「広告特集」などとうたっている場合もあります。

問題は、事業者が発信したプレスリリースをそのまま記事にしているケースです。短文記事などでは、ほとんどリリース内容のままというケースも見かけられます。

また、事業者が新聞社やテレビ局、出版社にとって大口の「広告主(クライアント)」になっている事情にも注意が必要です。記者も「組織の中」で生きている人間ですから、つい対象となる事業者への「忖度《そんたく》」が生じることもあります。

もちろん「一つの情報」として集めておくのはいいでしょう。ただし、先のような事情があることを頭に入れつつ、その記事だけに「縛られない」ことが大切です。

【広報誌など地域で得られる情報】について

自治体や社会福祉協議会などが発行している広報誌に、「わが町にこんなサービスができました」とか「この事業者がこんなイベント（内覧会や地域住民との交流会）を開催します」といった記事が出ることがあります。

また、町中にある公共の掲示板でも、そうした情報が掲載されることがあります。

これらも、「一つの情報」として集めておくのはいいでしょう。先のようなイベントなどがあれば、それに参加すること自体が「自分の目で確認する」機会になったりします。

ただし、これらの情報にも、それなりの背景事情がないわけではありません。

たとえば、最近では介護保険事業に医療法人が進出するケースが増えています。地元の大きな病院などが、「新たに介護サービス（介護付き有料老人ホームなど）を始めた」という情報もひと昔前に比べると増えていることもあります。

地元の大病院などは、地域にとって「有力な機関」ですから、情報の露出もそれなりに増えていきます。情報量が増えると、それに飲み込まれがちになる点に注意が必要です。

「介護サービスの情報」をどのように精査するか？

たとえば、新聞やネットニュースの記事で…

物流会社大手の○○株式会社が
都内○○区で通所介護事業に進出。
農産物物流の実績を活かし、安全な食と
栄養管理にこだわって利用者の
健康状態の維持・改善を売りにする

確かに「物流」が中心の会社だが、過去に他事業を展開した経緯はないか？

本社のHPで会社の沿革をチェック。過去に他事業展開の経緯がある場合、それは現在でも継続しているか。すでに撤退している場合は、どのような原因が考えられるか

過去の事業戦略から、きちんと学んだうえでの介護事業の進出かどうかをチェック（四季報なども参考に）

なぜ、近年の報酬引き下げがきつい通所介護（デイサービス）なのか？

運営開始後に、介護サービス情報公表サイトや担当ケアマネジャーから詳細情報をキャッチ。売りである栄養改善にかかる人員や加算（※）の状況などを確認してみる

介護スタッフをはじめ、売りに関連した管理栄養士などの採用はうまくいっているか（こうした人事は特に重要）

※加算…栄養管理や機能訓練などで特別な体制を整えたりしている場合、報酬がプラスされること。それにともない利用料も上がる。一種のプレミアととらえるとわかりやすい

【ネット上で得られる情報】について

インターネットやＳＮＳで得られる情報はあまりに膨大で、まさに玉石混合という言葉が当てはまります。「そんなことはわかっている」と思われるかもしれませんが、一つだけ情報を精査するという視点で押さえておきたいのが、その情報の「鮮度」です。

たとえば、大きな法人が自社の介護サービスについての情報をＨＰに載せているとします。「事業者が発信する情報」ですから、これも一つの情報として集めるのはいいでしょう。

問題は、その情報がとても古かったり、何か変化があっても更新されていないというパターンです。特に昨今では、介護サービスにかかるスタッフ不足が深刻です。

「事業の立ち上げ」から時間がたっていると、「実は極端な人手不足に陥って」いたり、中には「事業の縮小などを図らざるをえない」こともあります。

こうした情報が更新されていないとなれば、そこで事業所の情報発信力、さらには顧客への誠実な情報公開に疑問符がつくということも考えられるわけです。

厚労省の「介護サービス情報公表」システムについて

正式なページ名は「介護事業所・生活関連情報検索」
アドレスは、www.kaigokensaku.mhlw.go.jp/

●サービスを探したい都道府県から検索できる

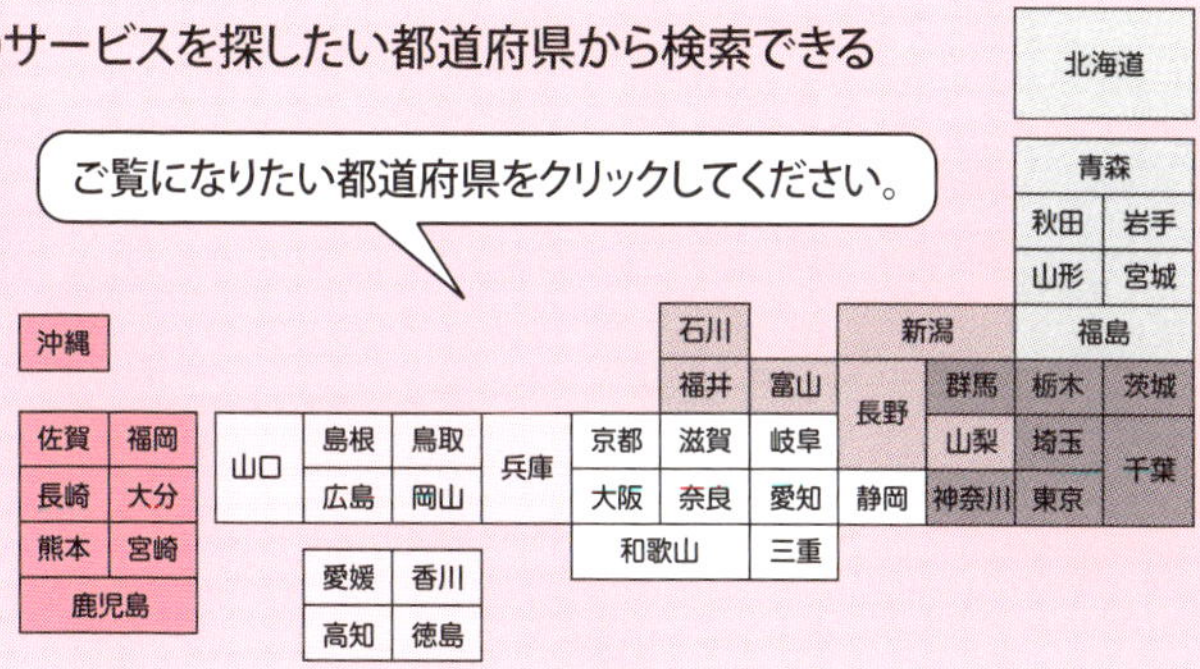

↓

都道府県を設定すると、「地図から探す」「住まいから探す（自宅住所を入力して最寄りの事業所を探す）」「サービスから探す」「条件検索」のいずれかで条件を絞り込むことができる

↓

条件に該当するサービス事業所がリストアップされたら、「詳細情報」をクリック。その事業所の詳しい内容を見ることができる

従事者や利用者の内訳、事業所の特色、算定している加算の内訳、第三者評価（※）を受けている場合のデータなどもチェックできる

※外部機関によってその法人のサービスを第三者の視点で評価すること

3 口コミや見学など、「生の声」「生の姿」から情報を得る

口コミ等の情報に接する場合に注意したいこと

前の項で述べたツールから、さまざまな情報を集めるとします。ネット上では、自分たちが住む地域の介護サービスを検索できるサイトなどもいろいろあり、連絡先や名称、簡単なサービスの概要などであればすぐに入手できるでしょう。

ただし、こうした情報から「そのサービスの質はどうか」まで探ることは難しいかもしれません。厚労省が運営する介護サービス情報公表サイトでも、いろいろな指標は掲載されていますが、素人には「見方がよくわからない」のが実感と言えます（実は、このサイトの情報も更新が滞っているケースもあって、「鮮度」という点では疑問符もつきます）。

やはり大切なのは、一つの情報の「裏を取る」ということです。ここで、「口コミ」や自身で見学などをしながら「実地検分」を行なうなどの手段が求められるわけです。

ここでは情報を集める際の基本的な注意点についてまず述べておきましょう。

【オンラインによる口コミ】も一つの情報として受け取る

まず「口コミ」ですが、最近はSNSの普及で「オンラインとオフラインの口コミ」の境目があやふやになりつつあります。ツイッターやフェイスブックで「いいね！」がたくさん付くだけで、情報に信ぴょう性があるかのように錯覚されることもあります。

たとえば、実際にそのサービスを使ってみた感想がオンライン上にアップされたとします。確かに、「いい介護をしてもらった」という感動があれば、「それを他者にも伝えたい」という気になるでしょう。しかし、それはあくまで一面的な情報にすぎません。

問題なのは、オンラインによる文字や映像の強さが、受け取る側に「この情報は正しい」という深層心理を植え付けがちになるということです。

もちろん、オンライン情報のすべてが「フェイク（偽）」とは言いません。ただし、情報の発信者の中には「いいね！　を付けてもらいたい（賛同してもらいたい）」という承認欲求が高まりがちで、これが情報にバイアスをもたらしやすくなります。

となれば、オンラインの口コミも、新聞・テレビ等のマスメディアと同様、あくまで「一つの情報」として受け取るという意識が必要でしょう。

【オフラインによる口コミ】について

では、オフライン、つまり「生の口コミ」はどうでしょうか。

オフラインの強みというのは、リアルタイムで相手とのやり取りを重ねることができるという点です。たとえば、「あの事業所のヘルパーさんは礼儀正しい」という話があったとして、聞き手としては以下のようにいろいろ尋ねたくなるはずです。

「その事業所のすべてのヘルパーさんが礼儀正しいの？」

「（介護を受けている）本人も喜んでいたの？」

「礼儀正しいのはわかったけど、（利用者の状態の変化など）細かい点をしっかり見てて、きちんと伝えてくれているのかな？」

という具合です。

もちろん、オンラインでもこうしたやり取りは不可能ではありませんが、リアルタイムで情報を重ね書きしていくには、オフラインのほうが一枚上手と言えます。

また、情報を提供してくれる相手の表情や間の置き方などで、感性の鋭い受け手であれば「ちょっと眉つばかな？」という違和感を感じることがあるかもしれません。

実は、介護という（本人の心や身体の状況に直結するなど）デリケートなサービスにお

口コミ情報を得る際に頭に入れておきたいこと（例）

口コミ発信者の身近な人（家族など）が、実際にその事業所を利用しているか	→	当事者として実際に見聞きしていない情報については、どんなに信ぴょう性があろうとも「噂の範囲」と考えておく
サービスの一部分（例、食事がおいしい）だけが、際立って強調されていないか	→	事業所側のアピール戦略に乗ってしまっていて、「負の部分」などが客観的に見られなくなっている可能性あり
従事者が「どんな人か」は詳細でも、「何（どんなケア）をしたか」があいまい？	→	人柄は「その従事者だけの個性」という可能性もある。大切なのは、組織として取り組んでいる内容が見えること
「多少無理なことをお願いしてもゆうずうしてくれる」といった話題はないか	→	「介護保険でできないこと」もやってしまっている可能性も。コンプライアンスが不十分な事業所はかえって危険
「若いスタッフが多い」「ベテランが占めている」など従事者年齢に偏りはないか	→	従事者の年齢層の偏りは、採用難や離職率の高さなど、人事管理がうまくいっていない可能性もあることに注意したい
「機能訓練室が立派。最新機器も揃っている」などハード面の評価が多い	→	大切なのは、「見た目」の立派さではなく、それらが有効活用されているかという点。活用シーンについて掘り下げたい

いては、この違和感が結果的に重要になることが多々あります。

これは、専門職から得る情報も同じです。ケアマネジャーや主治医などから情報を得る場合でも、「自分の感覚」をもっと信用することが大切です。

【見学など実地による検分】について

見学などでチェックしたい点などは、後の章で詳しく掘り下げます。ここでは、「見学などの機会を得る」ことがなぜ大切なのかを述べておきましょう。

まず、地域で新たに施設やサービス事業所ができると、事業者による内覧会や説明会などが開かれることがあります。仮に「すぐには利用しない」とは思っていても、こうした機会に参加することで、事業者が「自分たちの事業についてどんな説明をするのか」という感覚をつかんでおくことができます。

こうした機会をたくさん経験すれば、「あの事業者とこの事業者で、情報公開などの姿勢がどう違うのか」という比較ができます。複数のものを比較する機会は、自分の中に「物差し」を作る材料となります。つまり、客観的な目を養うことにつながるわけです。

最近では、いろいろな施設でボランティアをするという人も増えてきました。ボランティアという立場で内側から現場を見ることも、貴重な機会と言えるでしょう。

事業所の様子を「見聞する」ための機会はどこに？

時間に余裕があればボランティア募集に応募してみる	現場を「内側」から見るチャンス。地元の社会福祉協議会の掲示板をチェック
認知症サポーター養成講座や介護教室に参加する	講師を地元事業者のスタッフが担うことも。講演後に事業所の話を聞いてみる
新規施設・事業所の内覧会情報などを広報誌等でチェック	内覧時の説明で「その事業所がめざしているケアの内容」がよくわかるかどうか
町内会の祭り・イベントに事業所がかかわっている場合も	地域貢献として、こうした催し物を手がけていることも。情報収集のチャンス
施設などで地域交流の場や機会を設けているケース	コンサートや喫茶店など、利用者や従事者と一緒に過ごしつつ雰囲気を探る

Point!

その他、気になる事業所があれば、「見学」を打診してみる。すでに介護保険を利用していて、担当ケアマネジャーがついている場合は、ケアマネ経由でお願いしてみてもいい（ケアマネジャーも地域の事業所の実情を知りたいという意識はある）

コラム1●サービス選び＋α

職員による「虐待」不安をどうする？

大変に残念な話ですが、最近、介護サービスで社会的に大きな話題の一つに「職員による虐待」が挙げられます。中には、職員が殺人や傷害の疑いで逮捕・起訴される例も見られます。

もちろん、こうしたケースはごく一部に過ぎません。しかし、社会的な衝撃度が大きい分、いったん発生すると大きく報道され、頻発しているイメージが先走りしがちです。

管理者と職員の間のコミュニケーションに注目

もっとも、介護サービスを利用する側としては、大きな不安要因であることに変わりはないでしょう。特に施設等での夜間の時間帯など、職員が手薄で第三者の目が入りにくい状況では、「虐待リスク」が気になる人も多いのではないでしょうか。

虐待そのものは、当然ながら加害当事者の問題です。しかし、「一線を越えてしまうかどうか」という部分では、その事業所・施設のリスク管理の問題にもかかわってきます。

たとえば、同じように「手を出してしまいがち」な職員がいたとして、ストレスのかかりやすい職場のほうが「一線を越えてしまう」リスクが高くなるのはわかるでしょう。

人は自分の中に不満やストレスをため込むと、それがある程度積もったときに「爆発」をしてしまいがちです。ちょうどコップの水が少しずつたまって、あふれるような感じです。

この点を考えたとき、組織として職員がため込んだ不満・ストレスをうまく発散させられるかがポイントです。

たとえば、管理者による職員への定期面談が行なわれていたり、日常業務の中でも部下が管理者に気軽に話しかけている光景が見られるかどうか。このあたりをチェックしてみてはどうでしょうか。

第1章

イラストでわかる介護サービスを選ぶポイント【選び方の基本10カ条】

「介護サービスを選ぶ際の基本10カ条」

1．個々の介護場面より「職員同士のやりとり」に注目

……人手不足が慢性化する中では、情報共有とチームワークこそが安全確保の柱

2．介護場面なら、何よりも「排せつ関連」をチェック

……個別性がもっとも強く、尊厳の象徴である「排せつ」に介護のすべてが現れる

3．記録開示のオペレーションをスムーズに説明できるか

……記録開示が重要な責務であるという意識があれば、その組織は信頼できる

4．重要事項説明書は、「苦情と事故の対応」に着目を

……利用者側の不安・不信を「組織で解消」できないと、現場にしわ寄せが行く

5. スタッフ教育の情報がきちんと公開されているか

……「人づくり」の理念がしっかりしていなければ、他者への説明もぼやけたものに

6. 「ちょっと待ってね」のセリフが目立っていないか

……予後予測のしくみと連携プレーが整っていないと、このセリフはどうしても増える

7. 用具・福祉機器の扱い方にサービスの質が現れる

……現場のモノを大切にできなければ、人への向かい方も当然無頓着になる

8. 事務職が「現場の状況」をよくわかっているか

……介護事務は現場業務と表裏一体。ここに分断があるとさまざまなトラブルの芽に

9. 本人への向き合い方も大切だが、見守り時の立ち位置も

……物事を客観的に「見れる」という風土が、事故・トラブル防止の基礎になる

10. 管理者が服薬や医療処置のことを理解しているか

……現場の司令塔は、対医療連携の先兵。一つの連携判断のミスが命の危機にも

1 「利用者対職員」に目が行きがちだが「職員同士」のやりとりこそ大切

「いいシーン」に思わずほっこり。でも、ちょっと待った！

テレビのドラマやドキュメンタリー、CMなどで、日々「高齢者が介護を受けている」といったシーンを見る機会があるかと思います。

家族や介護職員が笑顔で高齢者に接し、高齢者も「ありがとう」と笑顔で返す。そんな場面を見ていると「いいシーンだな」とほっこりするのではないでしょうか。

では、現実の介護の現場はどうでしょうか。

地域のイベントやボランティア、見学などで施設を訪ねたとします。そのとき、たまたまフロアで高齢者と職員が会話していて、テレビで見るような「笑顔」の光景を見る。人によって、「この施設は〝いい介護〟をしているな」と思われるかもしれません。

でも、ちょっと待ってください。もしかしたら、その「笑顔」は、その「対応している職員」だからこそ表に出たのかもしれません。あるいは、介護を受ける「高齢者自身」の

「職員同士」の様子こそ目のつけ所

人柄が職員の緊張感を解き、お互いがいい関係を築ける環境にあるのかもしれません。

同じ光景を生み出すには、水面下の条件が整ってこそ

いずれにしても、「利用者と職員」によって繰り広げられる場面は、さまざまな条件が積み重なった結果として「表に出てくる」ものに過ぎません。

大切なのは、「利用者と職員」が誰であるか、あるいは「その場面」のシチュエーションがどうであるかにかかわらず、常に安定した場面が繰り広げられることです。それがかなえられてこそ、自分や家族が介護を受ける際の「質」が保障されることになります。

となれば、「水面下にどんな条件が積み重なれば、いい光景が創られるのか」に注意を向けることが必要です。その条件が何かと言えば、「職員同士のやりとり」です。

たとえば、特定の職員が利用者について気づいたこと（例、この人は今こういう状態だから、こういうケアの工夫が必要など）を、他の職員に伝えるとします。この情報伝達がきちんとできれば、対象者やシチュエーションがどうであれ同じ光景が期待できます。

そのためには、職員同士がルールにのっとり、しっかりチームワークをとって「やりとり」をすることが必要です。逆に「職員同士がどうもよそよそしい」とか「やりとりがぎくしゃくしている」と感じたら、その事業者や施設は注意が必要です。

2 「介護の質」がもっとも現れるのは「排せつ」介助にかかわること

当たり前の行為に他者の手を借りるのは「つらい」

人には、日常生活の中で欠かせない行為があります。

たとえば、食事、入浴、着替え、そして排せつ。心身の障害でこれらの行為が自力で難しくなったとき、介護職がその行為の一部または全部をサポートします。

ここで問われるのが、介助を受ける側の気持ち、つまり尊厳に向かい合うことです。

想像してみてください。元気なうちは何気なくしている行為、これが「自分でできず、他人の手を借りることが必要」となれば、どんな気持ちになるでしょうか。

くやしい、恥ずかしい、つらい――いろいろなマイナス感情が繰り返し襲ってくるはずです。これは自分の中に、「自分らしさを守りたい」という自尊心があるからです。

介助する側がこの自尊心に寄り添わず、ただ機械的にケアを進めたらどうなるでしょう。

人は、いつまでもマイナス感情に苦しみ続けることはできません。本能的に「感じないようにする」という心の中の機能が働きます。そこで、その人の尊厳は失われるわけです。

尊厳が失われれば、人間らしい活力は損なわれ、「少しでもできることを前向きに」という意識もなくなります。こうした状況を作ってしまう介護サービスは落第点です。

排せつ介助こそ、利用者への尊厳が問われる場

では、本人の尊厳がもっとも損なわれやすい行為は何でしょうか。

それが「排せつ」です。誰しも、自分の「排せつ」場面を見られたり、その行為に他者がかかわるのには強い拒否反応を示す（つまり、尊厳を守ろうとする）はずです。

こうしたつらさをきちんと理解している事業者であるなら、少しでも本人のマイナス感情を理解し、それを穏やかにすることをケアの基本としなければなりません。

もちろん、見学などで「排せつ介助」の場面を見ることはできません。

しかし、すでに家でヘルパーなどを使っている場合、排せつ介助の際の声かけの様子、介助が終わった後の本人の様子などを確認することはできます。

また、施設見学等では、トイレを使わせてもらいます。匂いや照明の具合など、少しでも「快適に排せつしてもらいたい」という意識があれば、環境づくりに気を配るはずです。

こうした点を「介護の質」のバロメーターとして頭に入れておくといいでしょう。

現場を訪ねたら「トイレ」に入ってみる

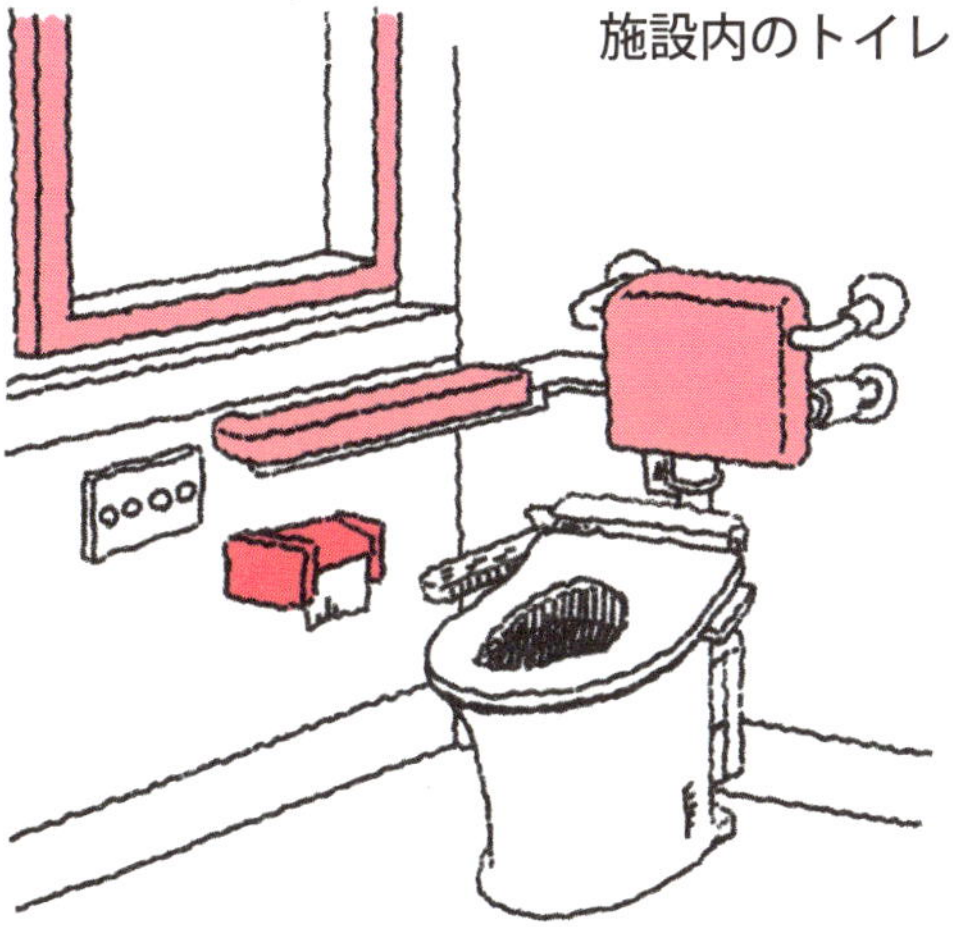
施設内のトイレ

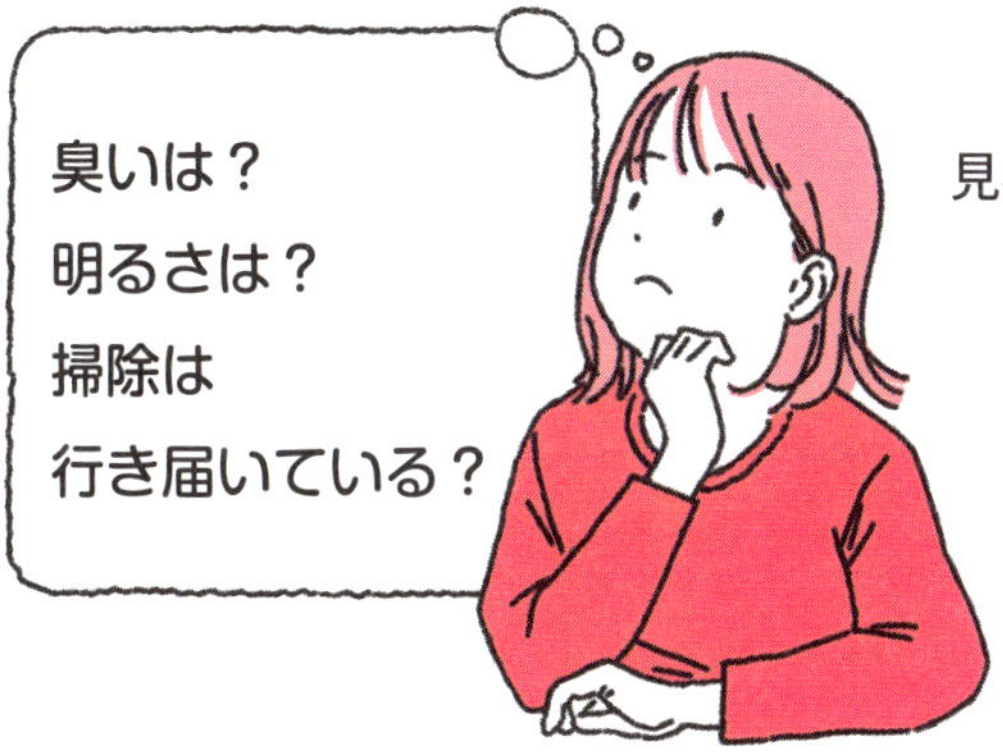
臭いは？
明るさは？
掃除は
行き届いている？
見学者

3
「記録を見せてもらう」だけで その事業者の質がよくわかる

サービス提供の記録を「見る」のは、本人・家族の権利

知人が介護サービスを利用していて、「近所だから自分の親にも使ってみようか」と考えたとします。あるいは、今使っているサービスについて、要介護者本人がどうも生き生きしていない。「このまま使い続けるのがいいかどうか」に迷っているとします。

知りたいのは、その介護サービスの質について素人でも見極められるポイントでしょう。一般の人からそうした相談を受けたとき、私はよく、「事業者はサービス提供の様子について記録をとっているはずなので、見せてもらってください」とアドバイスします。

介護保険で提供されるサービスのほとんどは、法令によって「サービス提供の状況について記録を残す」ことが定められています。そして、利用者本人や家族から「記録を見せてほしい」という訴えがあれば、原則として開示しなければなりません。

ただし、「見せる」情報をスムーズに引き出すには、以下のようなことが必要です。

記録開示の様子で「組織」がわかる

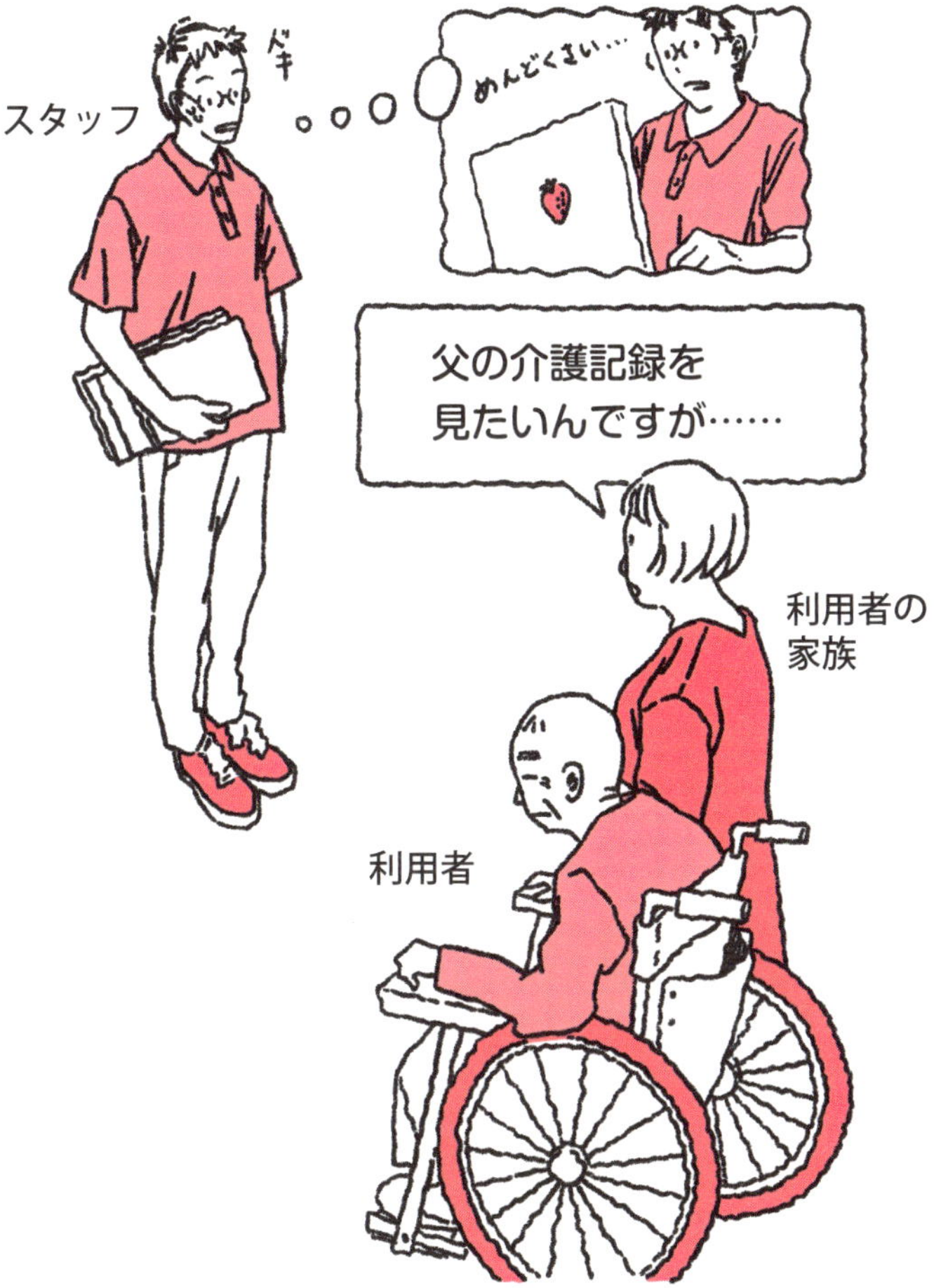

①利用者側に「見せる」ことを考えれば、職員の日常業務の中で、「現実を正しく反映した情報」を「利用者がわかりやすいよう」に記す習慣を整えているはず

②利用者の求めに応じて引き出しやすいよう、正しく保管しているはず（「正しく」とは、個人情報が他に漏れないようセキュリティもしっかりしているということです）

スムーズな記録開示のためには、普段からの準備が必要

以上の点からわかるのは、事業所として普段からの準備が必要になることです。十分な準備なく、「記録を見せてください」「はい、わかりました」とはいきません。

ここで言う準備というのは、正しい記録をとるための職員教育をしっかり行なっているとか、個人情報の取り扱いにかかる事業所内の規定をきちんと定めていることです。

つまり、「記録を見せてもらう」ことを通じて、その事業所が組織として正しく動いているかどうかを推し量ることができるわけです。今の時代、企業のコンプライアンス（法令遵守）などが問題となっていますが、そうした事業所の体質もわかります。

仮に、「記録を見せてください」と申し出たとき、事業所の担当者が慌てたり、開示までにやたら時間がかかったり、ひどい場合には理由なく「お見せできません」という反応が返ってきたら……。そうした事業所は「要注意」と考えていいでしょう。

4
重要事項説明書をしっかり読む 特に「苦情と事故の対応」に注意

余裕がない中でも、賢い消費者としての心得が大切

介護サービス事業者と契約する際には、重要事項説明書というものを示されます。これは、サービス提供にかかるさまざまな決まり事を記したものです。

たとえば、具体的にどのようなサービスをどんな具合に提供するのか。サービス費用の内訳はどうなっているのか。サービス従事者の人数や職務の内容はどんな具合か、など。

利用者としては、この重要事項説明書を読むことで、サービス内容だけでなくサービスを提供する事業者の組織や運営の様子まで知ることができるわけです。

もっとも「一刻も早くサービスをスタートしてもらいたい」という利用者や家族にとって、「ややこしい文章を読んでいる余裕はない」と思うかもしれません。それでも、「高い買い物をする」と考えれば、賢い消費者としてしっかり目を通すことが望まれます。

中でも確認しておきたいのが、「苦情や事故発生に際しての対応」です。

苦情と事故の対応法に「事業所の質」が現れる

サービスを受けながら、「このサービス提供の仕方でいいのだろうか？」という疑問や不満が募ることがあるとします。その際、利用者や家族の多くは、「そのサービスがなければやっていけない」という負い目から、つい言いたいことを我慢してしまいがちです。しかし、プロの目から見ても「サービスの質が悪い」とすれば、「我慢すること」で（本人の状態が悪化するなど）問題が大きくなりかねません。

また、介助中に打ち身や捻挫などに至る事故が発生したとして、その後の対応がしっかりしているかどうかで、後遺症の重さを左右することがあります。

いずれにしても、利用者として期待とずれた事態が生じたとき、その修復の道のりがしっかりしているかどうかが事業所の質を判断するバロメーターとなるわけです。

なお、重要事項説明書では、以下の項目も記すことが義務づけられています。

①苦情を受け付ける窓口の連絡先や苦情申し立ての方法について

②事故が発生した場合など、緊急時にどのような対応を行なうかについて

①、②についての記し方は事業所によってさまざまですが、「利用者の立場に立って納得できる記載になっているかどうか」で、事業所の質も見えてくるわけです。

重要事項説明書は苦情・事故に注目

5
「ちょっと待って」が多ければ要注意！「ありがとう」がよく聞こえる事業所を選ぼう

相手の求めにすぐ応えられない、ということは……

介護サービスの現場では、利用者と職員、職員同士、あるいは利用者同士でさまざまな会話が交わされています。見学などの機会で、ちょっと耳をすませてみてください。一つひとつの会話はよく聞き取れなくても、耳につく「言葉」があるはずです。

そうした「言葉」の中で注意したいものが2つあります。1つは、「ちょっと待って」。もう1つは「ありがとう（「すいません」より積極的な感謝を表す言葉）」です。

前者の「ちょっと待って」については、誰かから何かを求められているにもかかわらず、「今はできない」という光景が想像できます。

類義語を含めて、この手の言葉がやたらと耳についた場合、その事業所は要注意です。たとえば、利用者からの求め（その人にとっては緊急かもしれません）にすぐ応えられないということは、人手不足によって代われる職員がいない、あるいは「代わってもらう

好評「医療・介護・看護書」シリーズ

猛スピードで変わる現場・仕事・制度を詳しく解説！

☆最新刊〈好評発売中〉

2018年度〔決定版〕改正介護保険のポイントがひと目でわかる本

田中元　著／A5判／192頁／本体価格1500円＋税

ISBN978-4-8272-1115-3

▼今年は介護保険法改正、介護報酬改定の同時改定とともに、診療報酬改定の加わるトリプル改定になります。今回の見直し案で「自立と判断するための評価基準」をつくり、介護サービスを受ける人の自立支援で成果を挙げた事業者への介護報酬を手厚くする一方、自立支援に消極的な事業者への報酬は下げる仕組みとなる、この部分の細かい改正点を詳しく解説します。

日本一社員が辞めない会社

小池修　著／四六判／192頁／本体価格1600円＋税

ISBN978-4-8272-1109-2

▼介護業界で定着率96％！　～ひまわり型経営が自立自走の社員をつくる～　45歳にして上場企業の役員の座を捨て、介護会社を立ち上げて7年の著者が、試行錯誤の末に社員の定着率96％を達成した方法を大公開！介護業界で成し得た「社員の定着化」「戦力化」手法だから、すべての業界に通用する！本書は「理念」「体現」「信頼」「支援」の4つのステップで、社員の定着率を上げる方法を体系立てて著した初めての本です。

※価格表示は、全て本体価格表示です。

2018年 4月10日

ぱる出版
東京都新宿区若葉1-9-16 〒160-0011
TEL.03(3353)2835 FAX.03(3353)2826
http://www.pal-pub.jp/

★好評既刊本

看護の基礎知識・実務知識

すぐに使える看護管理者の実務マップ

▼管理者をやって、と言われた人が身につけるべきマネジメントの基本をコンパクトに解説。現場で実際に活用するためのスキルとしてのマネジメントの技術を紹介。医療・介護分野で今後ますます注目されるケアの専門家として、看護分野のキーマンとなる管理者の必須仕事術が一目でわかる本。

葛田一雄 著／A5判／本体価格3000円+税／ISBN 978-4-8272-1113-9

残念なナースが職場のリーダーに変わる「魔法の会話術」

▼残念なナースの特徴は「人の話を聞かない」ということ。本書は、様々な残念なナース・困ったナース、まだ仕事に慣れない新人ナースの具体的な事例を元に、本人に「どう気づかせていったらいいか」を会話形式で示したもの。鬼速でナースを育てるコーチングの教科書である。

葛田一雄 著／A5判／本体価格2500円+税／ISBN 978-4-8272-1052-1

看護主任・リーダーのための「教える技術」

▼いま看護現場に求められているのは、看護計画に沿って、ナースをいかに育てていくか、という『教える技術』。OJTの質を高めるPDCAの手法を紹介。理想の職場である「教え合う最強の職場づくり」にも参考になる！　ナースが変われば病院が変わる！といわれるほど重要な仕事であるナースの教育をゼロから見直す本。

葛田一雄 著／A5判／本体価格2500円+税／ISBN 978-4-8272-1049-1

第一印象が良くなる ナースのマナー

▼看護現場で必要な常識・マナーをイラスト図解！　▼対人関係の最初のポイント「第一印象」▼身だしなみ5つのポイント・そのまま使える身だしなみチェックリスト　▼できるナースの敬語の使い方　▼病院の電話対応マニュアル　▼クレーム対応のルール

濱川博招・島川久美子 著／A5判／本体価格1800円+税／ISBN 978-4-8272-0838-2

まんがでわかる介護のしごと

▼新人が入っても次々に辞めてしまうのが、介護現場のリアルな現実。教える人手にも事欠く惨状だが、本書を読めば誰でも介護の勘所が理解できる【新人育成テキスト】として最適の内容。介護現場の仕事のコツ・ポイントをまんがで解説した【介護バイブル】としても活用できる1冊。

田中元　著・みなとあつこ　漫画／A5判／本体価格1800円＋税／ISBN 978-4-8272-0881-8

介護の仕事は「聴く技術」が9割

▼介護現場では、「傾聴」のスキルがますます重要視され、その対応力を身につけることが求められる。利用者との信頼関係づくりの「聴く」技術はもちろんのこと、「聴く」スキルの活かし方を解説していく。また、クレーム処理能力を高めてストレス軽減につなげるためにも、現場対応向けの「聴く技術」の向上策を解説。

中尾浩康　著／A5判／本体価格2000円＋税／ISBN 978-4-8272-1097-2

介護現場のクレーム・トラブル対応マニュアル

▼介護現場におけるトラブルを減らし、クレームを遠ざけるためのケアの基本を解説するとともに、組織としての防止法・対応法も具体的に提示。介護拒否にならないための、利用者との関係の築き方や、事故・ヒヤリハットの防止など。認知症ケアの基本とポイントも紹介。日常におけるトラブルを未然に防ぐための一冊。

高頭晃紀　著／A5判／本体価格2500円＋税／ISBN 978-4-8272-1105-4

介護事故・トラブル防止《完璧》マニュアル

▼介護事故を防ぐためのプロの仕事術をイラストと図で解説　▼ダントツ一位の【転倒事故・転落事故】を防ぐためには何をしたらいいのか、誤嚥事故を防ぐためにするべきこととは、現場の介護トラブルにどう対処したらいいのか、事故が発生してから対処するまでにどのようなことをすればいいのか、など全ての現場で働く人の視点で書かれた一冊。

田中元　著／A5判／本体価格1500円＋税／ISBN 978-4-8272-0616-6

介護リーダーの問題解決マップ

▼いま、介護現場が危ない！日々浮上する現場の問題をどう解決していったらいいのか？その解決のヒントをわかりやすくQ＆A形式でズバリ解説。制度改悪の利用者負担増でちょっとしたことでクレームが増える状況にどう対応するか、など介護現場の「本当に困った事例」を41の問題解決のキーワードを示して、改善方法をアドバイスした介護マネジメントの現場改善ノート。

田中元　著／A5判／本体価格2500円＋税／ISBN978-4-8272-1071-2

もしあなたが「看取りケア」をすることになったら

▼自分の人生の最期をどう迎えたいのかについて、いろいろな考え方が出てきているという介護現場の現状があります。本書は介護現場における看取りケアの指針づくり、利用者とその家族の同意を得ながら看取りを進める際に必要な説明責任、マニュアルの作成など、看取りケアの基本と実際の進め方に役立つ実践情報にポイントを置き解説します。

諏訪免典子　著／A5判／本体価格2500円＋税／ISBN978-4-8272-1031-6

介護事故をなくすためにやっておくべき51のルール

▼介護現場の人手不足、報酬改定による施設利用者の重度化などで、いま現場の介護事故のリスクは高まっている。高まる事故リスクに備えて、いま何をすべきかを現場の事例に即して提言。誰でも確実に事故防止ができるシステムとしてリスクマネジメントの質を高めていく方法を解説。

田中元　著／A5判／本体価格1800円＋税／ISBN978-4-8272-1022-4

残念な介護現場が一瞬で変わるコミュニケーション練習ノート

▼あなたがはじめる、現場の「問題解決脳」の磨き方入門。「介護の仕事になんか就かなければよかった」となる前にやっておきたい、現場改善の考え方・進め方の実践教科書！「人がすぐ辞める」介護現場には何が足らないのか？職場の基本的なルールをみんなで共有するためには何が必要なのか、などコミュニケーションで現場の問題を解決するための一冊！

諏訪免典子　著／A5判／本体価格2500円＋税／ISBN978-4-8272-1086-6

「ちょっと待って」と「ありがとう」に耳をすます

ための連絡手段」が整っていないことになります。

必要なときに利用者と向かい合えないということは、現場のどこかに「死角」が生じている可能性があります。つまり、事故などが生じやすい条件につながるわけです。

「感謝の意」を示せる風土は、よりよい組織の反映

一方の「ありがとう」。この言葉がよく聞こえるということは、それを発するのが誰であれ、相手に対する感謝の意が自然に生じていることを意味します。

利用者から職員に対しての「ありがとう」は、「職員が心のこもった対応をしている」ことを示します。これは単に「職員個人の技能が高い」というだけではありません。「心のこもった対応をする」、あるいは「技能を発揮できる」ということは、職員の働き方にも余裕があることの現れです。つまり、組織としての取り組みができているわけです。

これが職員同士であっても同じこと。同僚や先輩に「感謝の意を示す」ことができるためには、相手への信頼とともに自分の心に余裕がなければできません。

また、利用者同士でこの「ありがとう」が出てくるのは、たとえば認知症の人であるなら、周囲に対する不安や疑いが払しょくできているからこそです。ここから、日常的にきちんとしたケアができていることがわかるわけです。

6 用具や福祉機器の扱い方にサービスの質が現れる

「人を大切にする」風土をどこで推し量ればいい？

どんな仕事でもそうですが、「人（つまり、お客様や他の従事者）を大切にできるかどうか」が、その会社、事業者を評価するうえで大きなポイントとなります。

しかし、見かけ（マニュアル通りの言葉や態度）だけ「人を大切にする」というのでは、すぐに底が知れてしまうもの。大切なのは、常日頃から「人を大切にする」という文化や風土が、従事者の働き方の中にしみついているかどうかです。

それを推し量るうえで、バロメーターとなるのが「物への向かい方」です。

介護現場では、サービス提供で必要となる福祉用具などがたくさんあります。介護用ベッドや車いす、歩行器、トイレの可動式の手すりなど。

広い意味で用具と言えば、デイサービスなどでアクティビティに使う備品類、訪問介護で掃除や洗濯、調理などで使う利用者宅のさまざまな道具も当てはまるでしょう。

「物」の扱い方の先には、「人」の存在がある

これらは皆、それ自体は「物」ではありますが、介護が必要な人の生活を支えていくうえで欠かすことはできません。言うなれば、その「物」の先には「人」がいて、その「物を大切にする」ことは、結果として「人を大切にする」ことにつながるわけです。

この点を考えたとき、用具類の扱い方には、人への向かい方が現れることになります。

たとえば、（人が利用していない間の）福祉用具の扱い方が粗雑なら、メンテナンスのタイミングが早くなります。その間、利用者に使い慣れていない代替品があてられるとするなら、本人の生活に多少なりとも影響がおよぶことも考えられるでしょう。

また、備品類の扱いがやはり粗雑で、どこか壊れていたりすれば、それに気づかないと思わぬ事故にもつながりかねません。

いずれにしても、利用者の生活をしっかり支えるという意識があれば、従事者による「物」の取り扱いにも細心の注意を払うことが当たり前になるはずです。

そこで、サービス提供の現場を見る際には、周囲の備品類（椅子、テーブルなどのインテリア類も含む）に注目してみましょう。リサイクル品でもないのに「何となく傷が多い」とか「補修箇所が目立つ」という光景があれば、注意することが必要です。

「物」への愛情は「人」へのやさしさに通じる

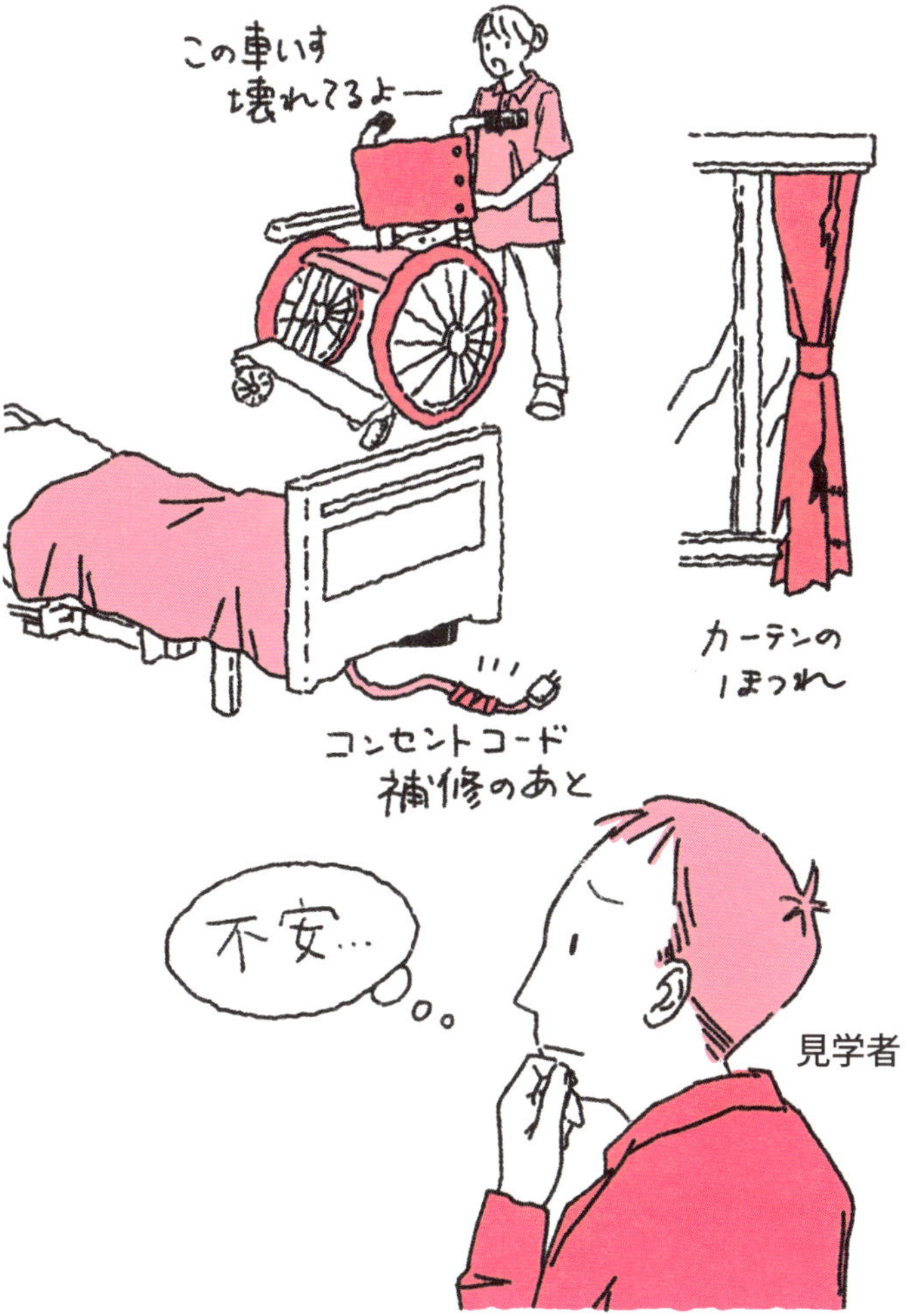

7 人への向き合い方だけでなく「見守り」時の立ち位置にも注意

自分でできる部分には、手を出さないのも「介護」

介護のシーンと言うと、利用者と職員が向かい合って話をしたり、利用者の動作に職員が手を貸すという場面がすぐに思い浮かぶのではないでしょうか。

しかし、それだけではありません。介護サービスで大切なのは、すべて介助してしまうのではなく、「その人が自分でできる部分」は「できるだけ自分でしてもらう」という点です。これによって、少しでも運動機能が低下するのを防ぐことになるわけです。

たとえば、手すりを使って自力での歩行ができるのであれば、職員は「本人が手すりを握れる場所」まで誘導し、そこから先はできるだけ手を出さないということになります。

もっとも、歩行能力はまだ保たれていても、手すりを握る握力や、転びそうになったときに体勢を整える反射神経は衰えています。となれば、いざというときのために「すぐに手を貸せる」立ち位置、つまり「どの場所に立って見守るか」がポイントとなるわけです。

「見守り」のシーンこそケアの質が現れる

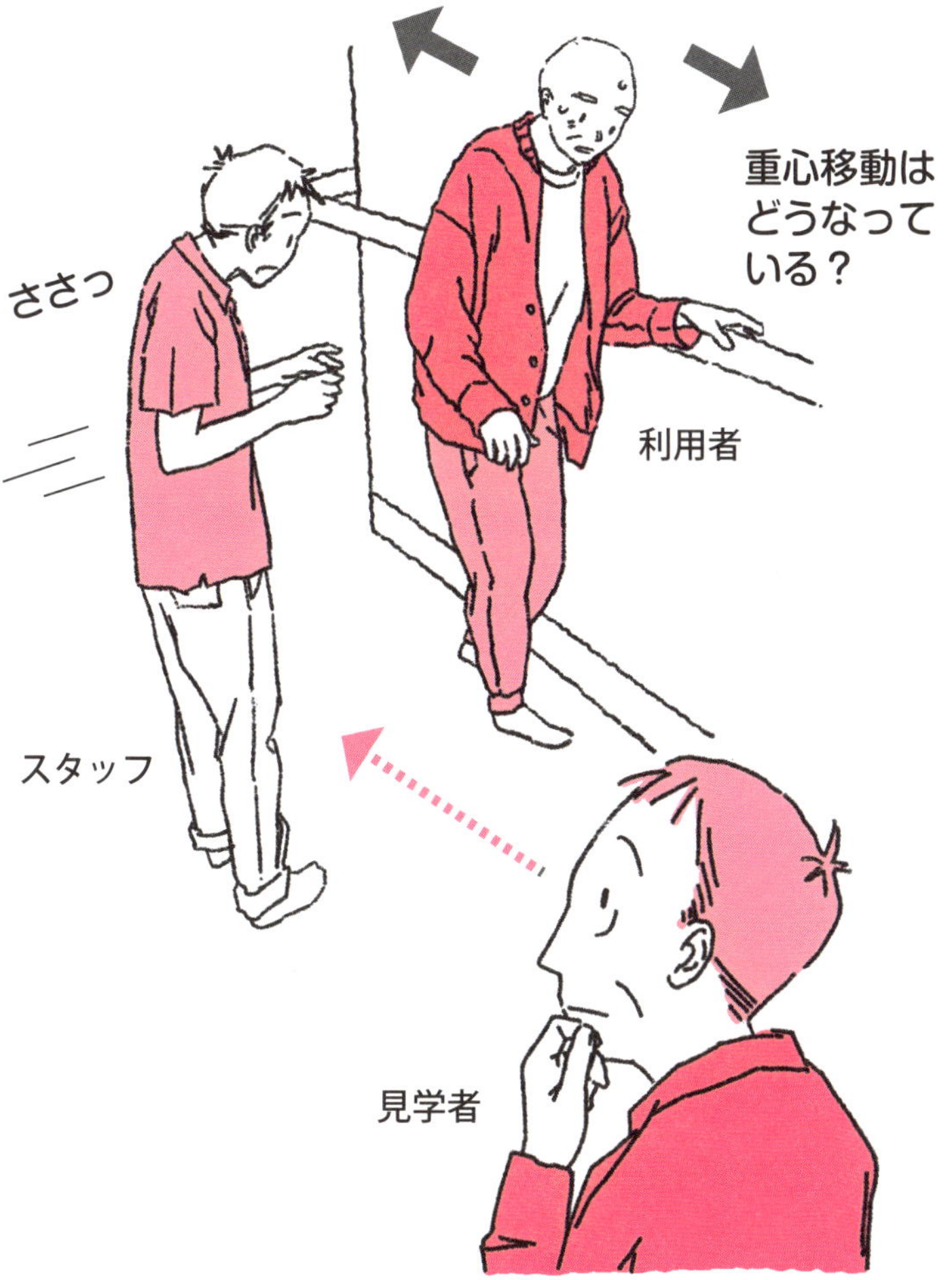

重心の移動によって見守りの位置を変えているか

とはいえ、「プロの介護職の立ち位置なんて、素人の私たちにはわからない」と思われるかもしれません。そこで頭に入れたいのが、人の重心がどう移動するかという点です。

たとえば、自分の身体の動きにちょっと意識を寄せてみてください。

身体が傾いたとき、人の重心もその方向に移動します。その際、転ばないように、足元はしっかり踏ん張っているはずです。しかし、その足元の「踏ん張っている面（基底面と言います）」から重心がずれれば、足元だけで身体を支えることはできなくなります。

このとき、手すりに手をかけていれば、「足元＋手すり」で踏ん張っている面（基底面）を広げることができます。でも、さらに重心がずれてしまえば、やっぱり身体を支えることはできなくなります。ここで「転倒」という事故が起こるわけです。

この点を頭に入れれば、職員としては、基底面から重心（身体の中心部あたり）がずれていく方向に立ち位置をとることが望まれるわけです。

本人が「ちょっと反り返り気味」だなというときは後ろに、「前のめり」だなというときは前に。そのつど、利用者の動きを見ながらこまめに立ち位置を変えているか。こうした点をチェックすることも、職員の技能レベルを知るうえで一つの物差しとなります。

8 スタッフに行なっている教育について説明してくれるか

事業所内教育について、きちんと答えられるか

介護サービスの質を左右するのは、やはり「人」です。

介護が必要な人には、事故や容態の急変などさまざまな危険がつきまといがちです。その点を考えれば、それらを防げる技能が職員に身に着いているかどうかは、サービスを利用する側にとって「きちんと知っておきたい」情報の一つと言えるでしょう。

しかし、実際に「職員の資質を知るための情報」について、利用者や家族が手にできる量はそれほど多くありません。確かに、重要事項説明書や介護サービス情報公表制度では、職員の数や持っている資格、だいたいの経験年数を知ることはできます。それでも、素人が判断できるだけの材料となるのかは心もとないのが現実です。

となれば、事業所側に「聞く」ほかはありません。

たとえば、「日頃、職員の方々には、どのような研修を行なっているか」などと尋ねてみましょう。「なぜそんなことを聞くのか」と眉をひそめるかもしれませんが、「利用者や家族の不安を取り除くうえでは必要」と心得ていれば、きちんと教えてくれるはずです。

つまり、「働く人の資質」にかかる情報公開を「大切なこと」と心得ているかどうかを知るだけで、その事業所の質がわかるというわけです。

具体的なテーマを事業所側に投げかけてみよう

もちろん、「事業所内で、こんな研修をしています」という説明をそのまま聞いても、素人である利用者や家族にはピンとこないかもしれません。

そこで、具体的なテーマに沿って聞くことにしましょう。

たとえば、「介護現場では、重い持病のある利用者も増えていると聞きますが、スタッフの方々の医療知識に対する研修はどうなっていますか」などという具合です。

仮に、内容の説明にピンとこなくても、「行なっていること」をきちんと情報公開してくれれば、「医療知識の修得について問題意識はあるのだな」ということはわかります。

同様に、「認知症ケアの技術向上はどうか」とか、「ストレスのたまりやすい介護業務で、メンタルコントロール的なことはやっているか」などテーマはいろいろ想定できます。

職員教育について思い切って尋ねてみよう

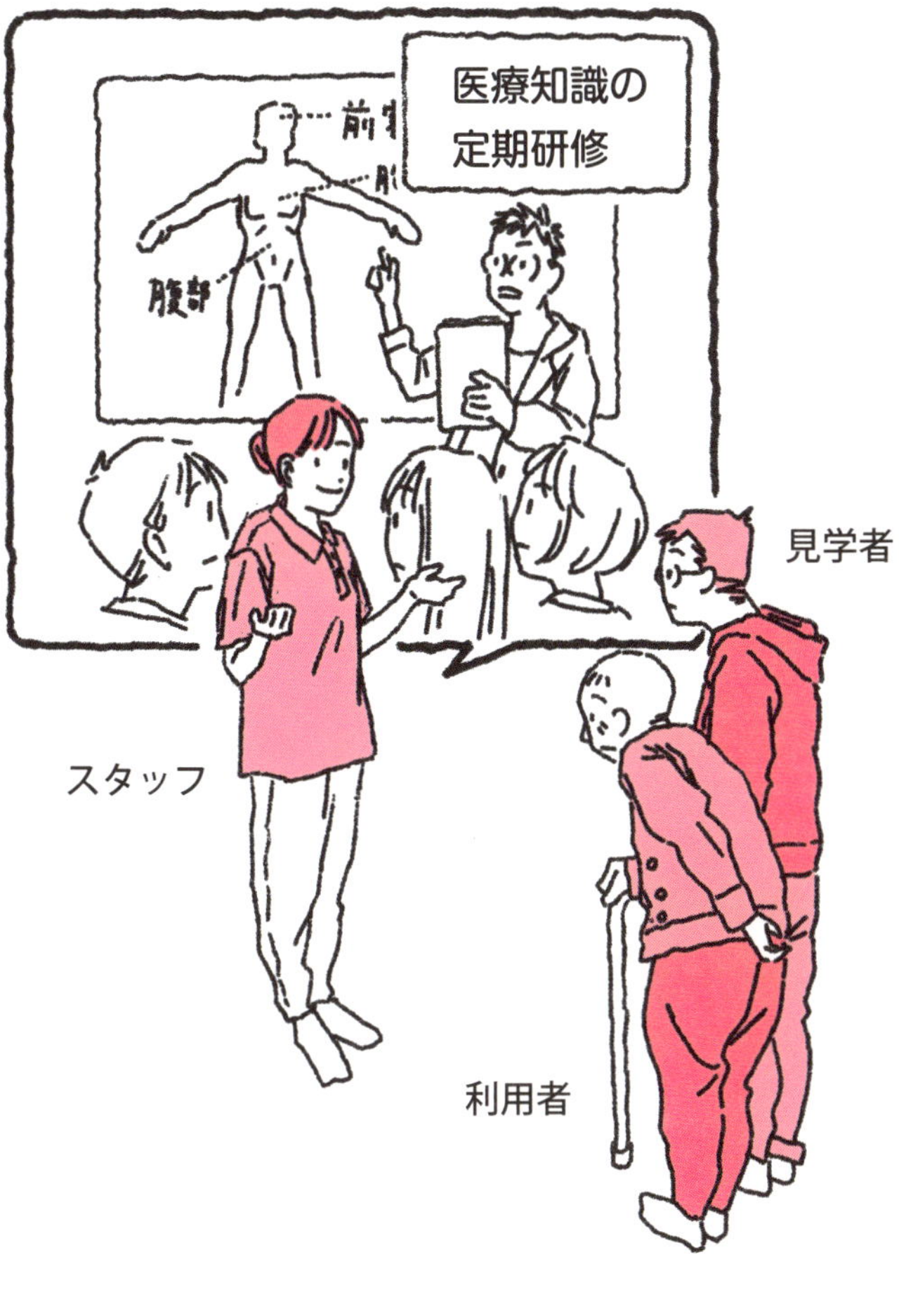

9 専門職以外の人でも「現場」をよくわかっているか？

事務職の人でも認知症対応が必要になることが……

介護という事業は、介護福祉士や看護師といった専門職だけで成り立っているわけではありません。現場に足を踏み入れるとわかりますが、実にさまざまな人が働いています。たとえば、施設などの入口に入れば、すぐ受付があります。そのスペースでは、経理や総務、あるいは介護保険に関する事務を執り行なう人もいるでしょう。

さらに現場に進むと、利用者の食事を作る調理担当者、リネン室で洗濯業務を行なう人、もっぱらフロアや廊下の清掃を手がけている人を見かけることもあるでしょう。

こうした人々は、介護以外でそれぞれの業務をこなしているわけですが、だからと言って「介護現場のことは知らなくていい」とはなりません。

介護現場は、いわば「人の生活が動いている空間」です。と同時に、利用者は心身にさまざまなリスクを抱えています。そうしたリスクが急に高まるタイミングも、利用者の生

専門職以外の職員とも話してみる

活行動に合わせて常に動いていることになります。

そうした中で、誰が「異変など」を察知するかと言えば、それは専門職だけとは限らないわけです。たとえば、洗濯業務を手がける人がリネン室から出てきたとき、そこで利用者とばったり出会うかもしれません。入口の受付近辺では、認知症の人が「家に帰りたい」と事務職に訴えているシーンというのもよく見られます。

現場で専門職以外の人とも話してみることがおすすめ

このように、専門職以外でも「利用者との接点」が数々生じることを考えれば、そこで適切な対応が行なわれるかどうかが、事故などの事態を防ぐことにつながるわけです。

これができるためには、「目の前の利用者に何か気になることはないか」という点にきちんと気づいて、（その場にいない）専門職に情報をつなげることが求められます。

しっかりした介護現場では、専門職以外の人でも「こんな状況に気づいたら報告をいただきたい」といったマニュアルが整備されています。先のように、受付の事務職が認知症の利用者とやりとりするシーンが想定されるのであれば、少なくとも認知症サポーター養成講座などで、基本的な対応を身に着けてもらうことも必要になるでしょう。

専門職以外の人とも話してみると、その組織がしっかりいるかどうかがわかります。

10 管理者・リーダーが、服薬や医療処置のことを理解している？

利用者の医療ニーズがますます高まる中で……

病院での入院期間がどんどん短くなり、介護サービスの利用者にも、手術から間もない人や何らかの医療処置を行なう人が増えています。利用者の高齢化が進む中では、服薬数もどんどん増えてきて「自分では管理しきれない」というケースも目立ちます。

そうした中では、現場に看護師を手厚く配置したり、介護職員もそれなりの医療知識を身に着けておく必要が高まります。たとえば、服薬を一つ間違えたり、利用者の容態の急変に気づくのが遅れれば、命にかかわる事態にならないとも限らないからです。

しかし、医療機関に比べて給与が低くなりがちな中で、看護師がなかなか集まらないのは日常茶飯事です。介護職もキャリアによっては、医療知識がゼロに近い人もいます。

こうした「心もとなさ」をカバーするには、現場の司令塔がしっかりと利用者の状況を把握し、職員にタイミングよく指示を出すしくみが求められます。

管理者が広い視野で現場を見る余裕があるか？

ここで言う「現場の司令塔」とは、管理者やリーダーを指します。

問題なのは、現場の人材不足が進む中で、細かい実務まで「司令塔」が担わなければならない状況が見られることです。本来であれば、「司令塔」は広い視野で現場のリスクを察知し、部下を動かしていくことが大切な役割です。

ところが、「職員のシフトづくり」などに追われて、パソコンの前からほとんど離れられないという光景が見受けられます。あるいは、現場に出ていても、人手不足ゆえに自ら利用者の介助に手一杯となり、広い視野で現場を見る余裕がない人もいます。

この点を考えたとき、現場の管理者やリーダーは誰かをまず把握したうえで、その人に現場を見る余裕があるかどうかをチェックしましょう。

仮に、「現場に滅多に姿を見せない（これは、施設長なども同様です）」とか、「管理者が何でこんなことまで？」と思うような業務に追われているとしたら要注意です。

また、すでに自分の親などが介護を受けている場合、本人にまつわる医療の話（例、こんな治療を受けていたのですが……）などを管理者にそれとなくしてみましょう。そのとき、「それは初耳」といった反応を示すとしたら、やはり気にすべき傾向と言えます。

管理職の視野が狭くなっていないか？

コラム２●サービス選び＋α

「カジノ型デイ」などをどう見るか？

通所介護などで、ルーレット台や麻雀台、パチンコ・スロット台などを設置し、利用者にプレイしてもらうスタイルが見られます。いわゆる「カジノ型デイ」と言われるものです。

もちろん、本物のお金をかけるわけではなく、あくまで「ゲーム」として楽しんでもらうことが目的です。これにより、脳機能の活性化やコミュニケーション力の維持・向上を図り、生活の張りにつなげて自立支援を図ることも狙いの一つです。

本当に自立支援に役立っているかどうか

ただし、こうしたカジノ型デイには賛否両論があります。

そもそも国民の保険料で成り立っている社会保険サービスで、（お金をかけないとはいえ）カジノ型ゲームなどをしていいのかという意見もあります。自治体によっては、こうしたスタイルに対して、（社会的な批判もふまえて）介護保険事業の指定を控えるという態度を打ち出している所もあります。

考え方のポイントは、「本当にそれが利用者の要介護度の維持・改善や自立への支援につながっているのかどうか」です。

ここに事業者として、しっかりとした考え方や仕掛けがあるかどうか。利用する側としては、ここに注目したいものです。

たとえば、引っ込み思案の人でも参加しやすいよう、職員が他の利用者との間に入るなど「中継ぎ」の役割をきちんと果たしているかどうか。ゲーム参加しやすいように、指先の訓練やルール理解のための脳トレなどの機能訓練を併せているか（このあたりについては、利用者ごとの訓練計画も必要となります）。

なお、最近では、機能向上に効果のあるリハビリ用遊具も増えています。利用前にいろいろな所を見学したいものです。

第2章

わが家を中心として受けるサービス

2章ではココをチェックしよう！

訪問系や通所系、短期入所系などいろいろなサービスが

介護が必要になっても、できるだけ住み慣れたわが家で暮らし続けたい――。

そうした願いに応えるのが、「わが家をベースとして受ける介護サービス」です。

主なものとしては、「（ヘルパーなどが）家に来てくれるサービス」（訪問系）、「日中、こちらから通って受けるサービス」（通所系）、「短期間だけ施設などに泊まって受けるサービス」（短期入所系）、「介護が必要になっても生活しやすいように、福祉用具をレンタルしたり、住宅を改修してくれるサービス」（環境整備系）があります。

利用者の「家での生活」の特徴が把握できているか

こうしたサービスを選ぶ場合、何より大切なのは、「自分なりに『してきた・している』生活」をサービス提供者がきちんと理解しているかどうか。

たとえば、通所系でリハビリを行なうとして、それは「家での生活が続けられるように」という目的があります。となれば、その人の家のトイレやお風呂、寝室などがどうなっているのかをきちんと調べ、そして頭に入れながらサービスが行なわれる必要があります。

その人なりの生活をまず尊重するという意味で、基本中の基本と言えます。

「わが家を中心として受けるサービス」のポイント

長年、住み慣れた「わが家」には、その人なりの生活が反映されている

- やっぱり家のお風呂に入ると落ち着く…という気持ち
- 介護が必要になっても孫にお手製の料理を…という気持ち
- 自慢の植木を、庭に降りて鑑賞したい…という気持ち

かなえるには、何が必要なのか…

- ●家の浴槽をスムーズに「またげる」ようにするための機能訓練を
- ●浴室に手すりを取り付けたけど、使い方に慣れるための訓練がしたい
- ●蛇口が古くて固いので、きちんとひねるだけの握力を維持したい

- ●台所に少しの時間でも立てるだけの「姿勢を保てる」訓練がしたい
- ●車いすで調理ができる台所の改造をした。座りながらの調理に慣れたい
- ●いつも使う食器戸棚の高さまで、腕が上がるように機能を保ちたい

- ●庭の縁側に座って、（その縁側の高さを想定し）自分で靴がはけるような動作を保ちたい
- ●庭に降りる際の手すりを設けているが、安全に昇降できるように（その手すりの位置を想定して）訓練したい

こうした「その人なりのニーズ」をわかってくれるかどうかが問われる

▼【居宅介護支援】——自分に合ったサービスを調整してくれる

1 利用者の「自分らしさ」探しに寄り添う姿勢が見られるか？

「わが家を中心としたサービス」を受けるには、サービス利用の計画（ケアプラン）を立てて、事業者とサービス提供の調整をしなければなりません。

この一連の手続きは自分でもできますが、役所とのやりとりなどが複雑な点を考えれば、居宅介護支援事業所のケアマネジャーにお願いするのが一般的です。

「御用聞き」ケアマネジャーがいいとは限らない

では、利用者にとって、どのようなケアマネジャーが望ましいのでしょうか。

利用者や家族に代わってケアプランを立ててくれるわけですから、「こんなサービスが使いたい」とか「この部分でお手伝いをお願いしたい」という要望をきちんと聞いてくれることが大切——と思いがちです。しかし、ここには大きな落とし穴があります。

人は大きな「困りごと」（介護を要するなど）に直面すると、「うまく行かないこと」への焦りや戸惑いから、「本当はどうしたいか」を見失いがちなことがあるからです。

〈チェックリスト〉事業者選びはココがポイント!! 【居宅介護支援】編

	チェックポイント	解説
①	「ほとんど」「あまり」など、あいまいな言葉は極力使わない	利用者が「自分で決める」には、材料となる情報からあいまいさを排除することが専門職の責務
②	「電話をしていい時間帯」を、利用者にあらかじめ確認する	いきなりの電話がストレスになる人も多い。この点を考えれば、電話についての配慮も大切に
③	ラフな服装でもいいが、身だしなみが整っていることが基本	衣服等の小さな乱れも「気になる」人は多い。利用者の心をナチュラルに保つうえでの気遣い
④	面談時にメモしている内容が、利用者からもよくわかる	「何をメモしているのか」は意外に気になる点。これも利用者のストレスを左右することに
⑤	介護保険で「できないこと」は他の制度活用を考えてくれる	利用者には、制度の範囲内外の整理は難しい。他制度の活用を考えるのもケアマネの大切な役割
⑥	簡単な専門用語でも、意識的にかみくだいて説明してくれる	「これくらいはわかるだろう」という専門職がおちいりやすい思い込みへの自戒がある
⑦	ケアプランをどうやって作成するかをていねいに説明する	「ケアプランとは何か」という理解こそ、サービス利用に前向きになれる土台となる
⑧	認知症等で意思疎通が難しい本人にもきちんと話しかける	本人を差し置いて家族とだけ話せば、認知機能が衰えていても疎外されているという空気を感じとる
⑨	雨の日の訪問では、入口で濡れたバッグや靴をきちんと拭く	「利用者の大切な空間は汚さない」という意識が行動に現れる。本人を尊重している証
⑩	サービス利用の最初では、特にこまめに顔を見せてくれる	サービス開始時は、慣れない利用者の不安は大きい。顔を見せるだけで安心感が高まる
⑪	親族や自分の過去などについて根ほり葉ほり聞かない	大切な情報でも、信頼関係ができて初めて「聞ける」ことが。そのあたりの「わきまえ」は大切
⑫	自分の主治医と密接にやりとりしている様子がわかる	医療職とのやりとりが苦手なケアマネも多い。これがいざというときの対応を後手にすることも

これを防ぐには、「自分がどうしたいか」を一緒に考えてくれるパートナーが必要です。相手が「自分の思考」を写してくれる鏡となることで、どうすれば「自分らしさ」を取り戻せるかという「自分の中に隠れていた答え」が浮かび上がってくるわけです。

こちらの「頭の中」のペースを尊重してくれるかどうか

この点を考えたとき、理想的なケアマネジャーを見つけるポイントは以下の3つです。

①自分の話をさえぎらずに聞いてくれるかどうか。自分でも「混乱しているな」と思うような話でも、うなずくなどのアクションを交えて聞く姿勢が見られることが大切です。

②話をするうちに、少しずつ自分の頭の中の霧は晴れてくるものです。そのタイミングを見逃さず（レベルの高いケアマネジャーならこちらの表情で察知してくれます）、**「こういうことにお困りですか」と、図などを用いつつ整理された言葉で示してくれるかどうか。**

③②の場面で、自分としては「ちょっと考え込む」という光景もあるでしょう。**その「考え込んでいる時間」も大切にし、あえて「待ってくれる」かどうか。**

経験の浅いケアマネジャーだと、困っている人に対して「何かしなければ」という焦りから、どんどん一人で話を進めることがあります。そうではなく、「こちらの自分らしさ探し」にとことん付き合ってくれるケアマネジャーこそ技能が高いと考えてください。

【訪問介護】——ヘルパーが訪問して家事の援助や生活動作の支援を

2 自分なりの「生活の流儀」を細かい点まで尊重してくれるか

ヘルパーが家を訪問し、①屋内での歩行、着替え、トイレ、食事などの生活動作を介助したり、②調理や掃除、洗濯など生活の質に欠かせない家事を援助するサービスです。①を身体介護、②を生活援助と言います。同居の家族がいる場合、②のサービスは「同居家族による家事が難しい」ケースに限られることがあります。

「流儀」を尊重しないサービスはさまざまな問題が

訪問してくるヘルパーは、（当然ですが）わが家に上がり、家の備品類を使ったり、「自分がいつもしている生活」の流れの中でさまざまな動作の介助を行なうことになります。ある意味、自分の生活の領域に入り込まれながらのサービスとなるわけで、神経の細かい利用者だと「申し訳ないけれど、正直あまりいい気持ちはしない」となりがちです。

しかし、これは当たり前に生じる気持ちであり、プロであれば「相手の生活の流儀」を十分に察しなければなりません。それができないと、利用者によっては「いらいら感」が募ります。その結果、ヘルパーが帰った後でぐったりしてしまったり、ヘルパーの介助の手を思わず払いのけて転倒などの事故を起こすといったことにつながりかねません。

サービス提供責任者の事前調査と初回時の同行による訪問がポイント

もちろん、どうしてもヘルパーを交代してほしい場合は、事業所に申し出ることもできます。ただし、地域によってはヘルパー不足も深刻で、特に依頼が重なる（洗顔や着替えを行なう朝や昼食・夕食前後）の時間帯ではゆうずうが利かないこともあります。

となれば、**①事前に利用者の「生活の流儀」をきちんと見たり聞き取って、②それをもとに現場のヘルパーにきちんと指導するしくみがあるかどうか**がポイントです。

訪問介護事業所には、ヘルパーを管理するサービス提供責任者（以下、サ責）がいて、事前訪問などで①を行ないます。その際に、サービス提供の流れを想定したうえで、「自分なりの生活の流儀」を尊重してくれる姿勢があるかどうかをチェックします。

そのうえで大切になるのは、**ヘルパーの最初の訪問の際、先のサービス提供責任者が同行するかどうかです。**同行で訪問すれば、ヘルパーが①の情報と②の指導にのっとってサービス提供を行なっているかが実地でわかるわけです。利用者としては、「初回時のサ責の同行訪問」が事業所のルールとして行なわれている所を選びたいものです。

〈チェックリスト〉事業者選びはココがポイント!!【訪問介護】編

	チェックポイント	解説
①	冷蔵庫や戸棚などの開閉のたびに「よろしいですか」の一言	「トビラ」の中は利用者のプライバシーがぎっしり。利用者の家では最低でも必要な礼儀
②	「今日は○○を行ないます・しました」の事前・後報告がある	利用者は機械ではないので、「今日は何をするのか」「どうだったのか」を知る権利がある
③	物品類の破損や消耗材の過剰消費は、どんなに些細でも申告	「これくらいなら」という隠ぺいは、慣れると拡大する。ヘルパーへの信頼がここで崩れる
④	家に入る前の靴の泥落とし、衣服のほこり・花粉落としが完璧	他の訪問サービスも同様だが、「家に異物を持ち込む」のは利用者の環境や健康を害することに
⑤	サービス前の室温・空調・照明のチェックを忘れずに行なう	特に冬場の離床やトイレ・入浴介助は、ヒートショックのリスクが高まる。必須のポイント
⑥	長時間、利用者の視界の範囲から外れたりしない立ち位置を	台所やトイレ掃除に引っ込んだまま…というのが、利用者には気になる。認知症の人の不穏にも
⑦	営業時間中は、必ずサ責の人と連絡がとれるようなしくみ	サ責が常に「バックアップ」に入っていると実感できることが、利用者側の大きな安心に
⑧	担当ヘルパーがサービス担当者会議から顔を見せてくれる	「どんな人が来るか」がわかっていれば、初回の緊張がほぐれサービスがうまく離陸する
⑨	見守る部分と援助する部分の範囲について事前説明がある	「どこまで自力でするのか」がはっきりしていないとヘルパーとの協力関係がうまくいかない
⑩	家族不在時のサービスの様子が連絡ノート等でよくわかる	「何をしたか」だけでなく「そのときの利用者の言動」なども把握できることが家族の安心に
⑪	買い物援助時のお釣りとレシートの照合がわかりやすい	お金のやりとりは信頼の基本。買い物ノートと専用のお釣り入れなどの取り決めをしっかり
⑫	生活援助でも、本人の状態などの記録もしっかり残している	生活援助で入る中でも、さまざまな気づきが生じるもの。それをきちんと残せるのがプロ

3 重い持病があるケースでも本人や家族にいつもの安心を

わが家での生活を続けるうえでは、持病が悪化しないように、日々の健康をしっかり管理することが必要です。それを援助するのが、看護師の訪問によるサービスです。

このサービスは、利用者がかかっている主治医の指示書によって行なわれます。主治医ともしっかり連絡をとっているという点で、利用者や家族には大きな安心が得られます。

緊急時の対応の体制について情報を得ておく

とは言え、この訪問看護も「サービスの質」を問われる点があります。

まずは、本人の容態が急変した場合など、緊急時の対応がしっかりしているか。

緊急時の訪問については、介護報酬からの支払いが上乗せされますが、その場合「利用者や家族と24時間連絡がとれる体制」になっていることが必要です。

もっとも、名目上「24時間連絡体制」がとれていたとしても、実際に事業者が24時間対応の実績を持っているかどうかもポイントです。このあたりは、担当ケアマネジャーから

〈チェックリスト〉事業者選びはココがポイント!!【訪問看護】編

	チェックポイント	解説
①	主治医との事前のやりとり内容を具体的に説明してくれる	「なぜそのケアを行なうか」が頭の上を素通りしてしまえば、利用者と主治医との信頼も損なわれる
②	「不摂生な生活」の意向を口にしても頭ごなしに否定しない	「本人のため」であるにしても、利用者が納得し受け入れやすい関係を築くのが本当のプロ
③	急変リスクが高いケースは、救命外来や手術室経験がカギに	すべての看護師が、いざというときに「慌てず冷静を保てる」わけではない。過去の実績に着目を
④	サービスが入っていない間のセルフケアも意識して助言	本人や家族が「どこまでできるか。過剰な負担にならないか」を意識した無理のない助言が大切
⑤	難病ケースなどの場合、定期的に上司との同行訪問を行なう	管理が難しい処置が必要な場合、「慣れ」が事故につながることも。定期的な第三者の目を
⑥	終末期でも「最期までその人らしく」をめざしたケアに全力を	終末期は病状管理ばかりに目が行く看護師も。穏やかに過ごせる環境づくりの意識があるか
⑦	本人の「家族への気遣い」にきちんと耳を傾けてくれる	家族の介護負担などへの気遣いが募ると、それだけで本人のストレスになるという理解が大切
⑧	救急時に「家族が何をすればよいか」の説明がわかりやすい	事業所への連絡方法や救急車を呼ぶことの是非など、フローチャート等で説明してくれるか
⑨	認知症ケアについての技能や知識も十分に備えている	認知症の人の不穏状態の緩和によって、健康管理も進みやすくなる。ケアの質が問われる場面
⑩	本人や家族を不安にさせないよう、言葉づかいに慎重である	医師と同じく看護師のちょっとした言動に本人や家族は過敏になる。その点への気遣いは重要
⑪	感染症シーズンには、早めの情報や予防策などをアドバイス	インフルエンザなど、感染症の流行が本格化する前に本人・家族の意識づけを図ることが大切
⑫	地域の医療機関や他の訪看事業所のことをよく知っている	他機関との共同研修などの機会を通じて、自分たちの技能を高めているかを知る指標に

「過去にどれくらい対応の経験があるのか」という情報を得ておきましょう。

看護師には「豊かな人間力」も求められる

次に、利用者・家族に日常的な安心感を与える技能があるかどうかという点です。

安心という点では、先の緊急対応の実績は何より大切でしょう。しかし、それだけではありません。訪問時に、利用者・家族と看護師との間でどのようなコミュニケーションが交わされるかという点も、日常の安心感に大きくかかわってきます。

たとえば、難しい顔をしたまま黙ってバイタル（血圧や体温、脈拍など）をとっていれば、その場の空気が重たくなってしまい、本人や家族は不安になるでしょう。

その不安を持ちこしたままになれば、利用者・家族にとってはストレスとなります。そこで、よい事業所のポイントとして、以下のような点に注目します。

①本人に対しては、リラックスできる声かけ（例、少し暖かくなってきましたね、今日はお顔の色がいいですね、など）を自然に行なえているかどうか。

②家族に対しては、「お疲れではありませんか」といった気遣いとともに、家族側が「こんなことに不安を感じている」といった訴えにきちんと耳を傾けられるかどうか。

いずれにしても、看護師にも「豊かな人間力」のようなものが求められるわけです。

▼【訪問入浴介護】――重度の人でも入浴ニーズに応える

4 特殊浴槽でも、「家でのお風呂」としてのくつろぎが打ち出せるか

家の浴槽やデイサービスなどでの入浴が難しい利用者に対し、入浴車や特殊浴槽の持ち込みによって、本人の「お風呂に入りたい」をかなえるサービスです。

利用者の7割以上が要介護4・5という重い状態の人で、原則として看護師も同行しながら、本人のバイタル（血圧や脈拍などの）チェックもしっかり行ないます。

生活の張りを生み出すこともサービスの目的

対象となる人の状態を考えた場合、「安全・安心」が優先されるのが大前提です。

ただし、サービスを受けるのは病院ではなく、あくまで「わが家」です。あくまで「安全・安心」が優先される場合でも、「わが家のお風呂に入っていた」頃の状況が少しでも再現できるようにすること。これが、生活の張りを生み出す基本です。

たとえば、入浴によってさっぱりすることで、どんなに意思疎通が難しい状態の人でも、表情が豊かになるなど生活反応が高まることがあります。

湯温によって手指の拘縮《こうしゅく》などがやわらげば、家族としっかり手を握るなど、コミュニケーションを活発にするための入口を整えることもできます。

観察力とコミュニケーション力の兼ね備えが大切

この「入浴によってさっぱりする」というメリットを高めるには、もちろん、本人の体調や皮膚の状態、湯温調節などにどれだけ気を配れるかが問われます。

それ以外にも、以下の2点に着目しましょう。

1つは、洗い残しが生じがちな部分にきちんと注意を払えることです。たとえば、拘縮がある場合、手指の間にたまりやすい垢などをしっかり洗浄してくれるかどうか。

2つめは、やはりコミュニケーションです。本人は入浴に対する恐怖感も生じがちなので、表情や言葉がけでリラックスさせることができるかが問われます。

もちろん、それで本人の状態（入浴中に具合が悪くなる危険もあります）を観察することがお留守になってはいけません。担当者と事前に打ち合わせなどの機会を持った際、コミュニケーション能力と目配せの力が同時に発揮できる人かどうかを確認しましょう。

また、入浴中に本人の体調の異変などが生じた場合、どのような対応をとるのか、マニュアルの整備はどうなっているかなども尋ねておきたいものです。

〈チェックリスト〉
事業者選びはココがポイント!! 【訪問入浴介護】編

	チェックポイント	解説
①	サービス開始前に看護師が訪問し実地調査を行なっている	本人状況や家屋環境を調べ、万全なサービス・シミュレーションを立てることが利用者の安心に
②	入浴後のケアや状態観察などにしっかり時間をかけている	サービス前のバイタルチェックも重要だが、アフターケアの力の入れ方に事業所の質が現れる
③	認知症の人の入浴拒否などに際しての対応ノウハウがある	特殊浴槽などでの入浴に拒否反応を示す人も。うまく誘導する声かけ等ができるかどうか
④	体調等により清拭に切り替えても、きちんと汚れ落としが	やむを得ず清拭になることもあるが、そうしたケースでの対応ノウハウが手厚いことも不可欠
⑤	入浴中の状態急変時などの対応マニュアルを示してくれる	いざというときにどんな対応をするか、本人・家族は気になるもの。安心のための情報公開が必要
⑥	本人の生活歴や生活観をきちんと把握してくれている	「他者に入浴介助を任せる」ことに拒否感を抱く人も。その人の生活観に寄り添うことが大切
⑦	皮膚や拘縮の状態など主治医との情報共有が図れている	気になる点は家族に説明しつつ、主治医等にも情報提供が行なわれることが異常時の早期対処に
⑧	手浴など、普段家族が「してあげたいケア」への助言がある	本当は「毎日入浴したい」意向があることも理解し、家族ができる手浴などへのアドバイスも
⑨	提供者に看護職員がいない場合の説明がはっきりあること	主治医の判断によって「介護職員のみ」の場合もあるが、利用者への説明も明確であることが必要
⑩	サービス提供前の入浴機器類のチェックマニュアルがある	機器の故障や衛生上の問題などによるトラブルを防ぐため、提供前チェックは厳格であるべき
⑪	「家の風呂で入浴したい」という要望にも検討してくれる	「家の浴槽では困難」という状況でも、ケアマネや主治医等との連携で実現を探る誠意が大切
⑫	特別な浴槽水にかかる費用や交通費の明細の説明が明快	特別な浴槽水の費用など、サービス利用料以外に発生する実費も。不明朗になっていないかチェックを

5 「随時対応」の中身とケアマネとの協力関係に注目

正式名称は、定期巡回・随時対応型訪問介護看護と言います。その名のとおり、ケアプランに沿った「定時の巡回」と、電話等のオンコールによる「随時の対応」を行ないます。ちなみに、サービス内容は、訪問介護と訪問看護とほぼ同じです。ただし、「看護」については、別の訪問看護事業所と連携しながら行なうというスタイルもあります。

なお、夜間の訪問や対応を専門的に行なうサービスもあり、こちらは夜間対応型訪問介護と言います。利用料は、いずれも定期巡回と随時対応が「込み」になった定額制です。

「随時の対応」は、「訪問」だけではない点に注意

さて、注意したいのは、「随時の対応」の中身です。「困ったときに呼び出せば、いつでも来てくれる」と思いがちですが、実はそうではありません。たとえば、電話をした際、「訪問の必要性があるかどうか」を電話受けのオペレーター（一定の研修を積んでいます）が判断します。「訪問の必要性は低い」と判断された

〈チェックリスト〉事業者選びはココがポイント!!【定期巡回・随時対応型など】編

	チェックポイント	解説
①	定期の巡回は、本人の生活サイクルに確かにマッチしている	(特に夜間などの)利用開始後に利用者の睡眠サイクルが乱れることがないかへの配慮が大切
②	家族不在時・就寝時のカギ管理等のマニュアルが整っている	口頭での取り決めや重要事項説明書への記載だけでなく、統一マニュアルがあるかどうか
③	家族の就寝時に過剰な物音を立てないなどの配慮が万全	介護・看護職員への「気遣い」にかかる研修などがどうなっているかも確認しておきたい
④	随時対応があった場合の連絡が時間を置かずにケアマネへ	担当ケアマネジャーとの情報共有がしっかりできているかが、このサービスの最重要ポイント
⑤	オペレーターとのやり取りだけで「安心」できる力量がある	オペレーターには介護福祉士等の資格が必要だが、各資格の意味などの説明もあることが大切
⑥	夜間訪問中の職員の安全確保策が事業所として整っている	職員の安全をきちんと守るという姿勢があってこそ、利用者保護も成り立つという考え方を
⑦	看護が他事業者との提携となる場合、確かな連携実績がある	提携する事業者がたびたび変わっているなどという場合、連携の仕方に問題ありということも
⑧	オペレーター対応がICT等の場合、高齢者でも簡易に使える	転倒して動けないといった状況でも使えるか。使い方のていねいな事前説明があるかどうか
⑨	総合マネジメント体制強化加算の説明がわかりやすい	随時の計画見直し等をしっかり行なっている場合の上乗せ料金。利用者にはわかりにくい点も
⑩	デイサービス等を使っている場合の値引き説明が明快	デイサービスなどを同時に使うと日割り値引きが。わかりやすい説明が事業者の誠実さを反映
⑪	夜間・早朝での車での訪問で近所への気遣いができている	エンジン音の小さい車両利用や、ドアの開け閉めに配慮するなどの事業所の気遣いをチェック
⑫	訪問時間が大きくずれるなど無理なシフトを組んでいない	人材不足の折、無理なシフトになりがちなケースも。焦りが介護事故につながる危険もある

場合には、電話でのアドバイスなどで済ますことがあります。

利用者の中には「夜間」に不安になる人もいて、その心理状態から「体調の悪さ」などを訴えることもあります。その点では、電話でやりとりをするだけでも安心して眠りにつけることもあります。

そもそも、夜間にそうした不安が高まりやすい人であれば、トイレ介助の時間なども見込んで、プランの中に「定期巡回」を組み込んでおけばいいわけです。

オペレーター対応についてしっかり説明を受けておく

とはいえ、「いざというとき」の対応がどうなるのかを知っておくことも、それ自体が「心構え」となり、「安心感」を強めるポイントであることは間違いありません。

確かに、事業所マニュアルなどを公開してもらうことは難しいかもしれません。それでも、訪問しない場合、（電話等で）具体的に「こんなアドバイスをする」という事例などをわかりやすく説明してくれるかどうか。このあたりで事業所の誠意を量りたいものです。

また、随時対応に必要となる連絡方法ですが、電話以外で専用の端末などをレンタルしてくれる場合もあります（電話回線につないで、ワンタッチでオペレーターにつながるというものもあります）。それらの使い方もしっかりアドバイスを受けておきましょう。

▼【訪問リハビリ】――理学療法士などが訪問し「家」でリハビリ

6 訪問介護などとの協力でリハビリ効果を高められる?

介護保険でしっかりとリハビリを受けたいという場合、事業所に通っての通所リハビリ（100ページ参照）を利用するケースが多くなっています。

ただし、本人の状態によっては「通う」のが難しいというケースもあるでしょう。そうした場合に、リハビリの担当者（理学療法士などの専門資格を持っています）に「家」へ来てもらってリハビリを受けることもできます。これを訪問リハビリと言います。

「自分の家」でリハビリの効果を確認できる

訪問リハビリのメリットは、①離床が難しいなど行動できる範囲が限られる人でも、ベッド上などでリハビリを受けることができること、②利用者の「家屋」の環境を見積もったうえで、それに合わせたリハビリを進めやすい点です。

いずれにしても、普段、自分が寝起きしたり身体を動かしたりする流れに沿って、リハビリを受けやすいというのが特徴と言えます。たとえば、「ここでこうやって力を入れて、この手すりを握って……」という流れで身体を動かすとして、その環境（自分の家）に身を置いているわけですから、身体が動作を覚えやすくなるわけです。

訪問リハビリが入っていない間でも継続できるか

とはいえ、訪問リハビリが来るときだけ行なうのでは、なかなか効果は上がりません。訪問リハビリの指導をもとに、日常の生活でも同じ動作を繰り返すことが大切です。

しかし、どうしても他の人による介助が必要な部分があれば、利用者本人だけで一連の動作は進められません。家族が介助者になるにしても、それを毎日行なうとなれば、家族が高齢であったり腰痛などがある場合には大きな負担となります。

そこで頼りになるのが、訪問介護など他の訪問系サービスです。

たとえば、ヘルパーが訪問リハビリの担当者などから指導を受け、それに沿って一連の介助を行なうとします。そうすれば、訪問リハビリが入っていない場合でも、日常の動作を繰り返しながら「身体で覚える」ことがしやすくなるわけです。

こうしたリハビリと他の訪問系サービスとの協力は、制度上でも定められていますが、訪問リハビリ事業所に「どのように（訪問介護などと）協力していくか」を尋ねてみましょう。わかりやすい説明を行なえる事業所ほど、普段からの意識が高いと言えます。

〈チェックリスト〉事業者選びはココがポイント!! 【訪問リハビリ】編

	チェックポイント	解説
①	生活動線の環境の整え方をこまめにアドバイスしてくれる	訪問中のリハビリだけでなく、日常の「している生活」の範囲を広げる下支えもリハ職の役割
②	サービス前に室温や照明、周囲の環境などもしっかりと確認	本人が家の中で安全にリハビリを進められるよう、環境面の準備を怠らないことがプロの仕事
③	会話やボディタッチで本人の緊張を解く技能が優れている	家に専門職が訪ね1対1となれば、誰しも緊張するもの。これを取り除くことでリハビリもスムーズに
④	ベッド上のリハビリでは、寝台の高さ調整などにも気配りを	ベッドの高さが不適当だと、座位の保持や足上げなどで本人の恐怖感が増してしまうことも
⑤	担当者が認知症ケアの技能もしっかり身に着けている	認知症があると、リハビリ自体への認知が乏しく怖がることも。リハ職にも認知症ケアは必須
⑥	目標に向けたリハビリの効果をわかりやすく示してくれる	「リハビリ開始からこのように変わった(維持できている)」ことが利用者には何より気になる
⑦	人の筋肉の動きなどについて、時折図などで説明してくれる	言葉の説明だけでは素人にはわかりにくい。人体図などを使った説明があるとありがたい
⑧	サービス前後で、本人の具合などを問診。バイタルチェックも	「体調がどうもすぐれない」などの状態把握を怠ると、きついリハビリで健康悪化の危険も
⑨	屋内だけでなく、社会参加まできちんと見すえたリハビリに	「外出が可能になった」ときの多様な生活動作を想定して、作業療法のプログラムも用意してくれるか
⑩	時折、生活動作の画像などを撮影し医師からのアドバイスも	実地でのニュアンスを伝えるのに、言葉+画像が役に立つことも。その準備があるかどうか
⑪	リハビリ職に指示を出している医師との面談機会がある	マネジメント加算Ⅱの要件だが、未算定でも医師の顔が見えることが利用者の安心につながる
⑫	リハビリ内容の変更や中止に際して納得できる説明がある	本人・家族にとって「なぜ変更・中止するのか」が納得できないとそれだけで大きな意欲低下に

▼【居宅療養管理指導】——医師や薬剤師などによる健康の管理

7 本人や家族の「腑に落ちる」アドバイスができるかどうか

医師や薬剤師、管理栄養士などが自宅を訪問し、持病の悪化などを防ぐための管理や指導を行なうというサービスです。医師の場合は、医療として行なわれる訪問診療や往診の際に「プラスα」のアドバイス（本人・家族への助言・指導）として行なわれます。

また、訪問時に利用者の状態を把握しながら、担当のケアマネジャーに対して「こういう点に気を配ったほうがいい」といった情報提供も行ないます。

専門家からの説明そのものが健康維持を後押し

家に医師や薬剤師、管理栄養士などが訪ねてくるとなれば、（たとえ往診などの経験があったとしても）本人や家族にとっては物々しい感じになるかもしれません。

しかし、健康を保つためのいい機会と考えれば、遠慮なくアドバイスを受けましょう。

たとえば、普段の健康管理について何か不安なことがあったとしても、専門家から説明を受けることで安心を得ることもできます。その「安心」自体が、健康を保つのに必要な

〈チェックリスト〉
事業者選びはココがポイント!!
【居宅療養管理指導】編

	チェックポイント	解説
①	本人・家族が日常生活で「実践」できる指導になっているか	たとえば家族がそれを実践するうえで、過剰な介護負担につながってしまう指導では意味がない
②	本人・家族から「聞きたいこと」をうまく引き出してくれる	「何か相談がありますか」では、「特にありません」となりがち。うまく相談事を引き出せる話術が大切
③	本人・家族の質問・相談を「先回り」して材料を用意している	持病や身体状況に応じて「こんな相談が出そうだな」と予想しつつ提示できる資料などを用意
④	タブレットなどを用意して、視覚的にわかりやすい工夫を	口頭指導だけではわかりにくいことも、タブレットで動画や写真を提示すると理解しやすい
⑤	ケアマネジャーへの随時のアドバイスもしっかり行なう	療養知識に乏しいケアマネジャーの「指導役」になれるのも居宅療養管理指導のありがたさ
⑥	他サービス全般を見すえながら多職種との情報やりとりも	療養管理の視点で他のサービスが効果的に提供されるように「つないで」くれることも大切
⑦	薬剤師は、認知症の人の服薬指導に実績があることが安心に	軽度でも認知症が進んでいくことを頭に入れた場合に、そういう人でも「できる」指導が重要に
⑧	管理栄養士は、本人の好みや家族の家事力などにも配慮を	「こういう食材がいい」と助言する場合、本人が好きか否か、家族が調理できるかがカギとなる
⑨	歯科衛生士が口の中の管理だけでなく嚥下関連も心強い	本人の「飲み込み」の具合などもきちんとチェック、家でできる嚥下体操なども教えてくれるか
⑩	「その心がけはいいですね」など本人、家族を乗せてくれる	本人・家族が自発的な健康管理を続けていくうえで、専門職による「承認」はとても大切
⑪	ケアマネジャーからの「生活」にかかる情報もしっかり把握	健康管理と生活習慣は強くリンクしている。「生活」が理解できてこそ活きたアドバイスが可能
⑫	指導にかかる苦情や意見の申立て方法を説明してくれる	医師等に対しては苦情等も言いにくい。自ら申し立て窓口などを教えてくれるのが誠実さの現れ

「前向きな気持ち」を作るうえで役立ちます。

「二人三脚で頑張っていく」という姿勢こそが大切

この点を考えたとき、サービス提供側に求められるのは以下の3点です。

①医師などの専門家の前では、「厳しいアドバイスを受けるのではないか」という緊張は常に生じがちです。しかし、「できる専門家」というのは、**こちらが不安に感じていることを先回りして察知し、「こちらが聞かなくても助言する」ことができること**です。

②医療系の専門家の場合、アドバイスに際してつい「専門用語」が出てしまうことがあります。その場合でも、**「これはこういう意味です」という注釈をすぐにつけてくれるかどうか**。こちらの理解力に立てるかどうかが問われるわけです。

③利用者や家族が「(健康維持のために)自分たちなりにしていること」もあるでしょう。それが、かえって健康悪化につながるというケースは別ですが、そうでなければ**真正面から否定するのではなく、きちんと肯定してくれるかどうか**。

指導する側・される側という関係ではなく、あくまで「二人三脚で頑張っていきましょう」というパートナーシップが、利用者や家族の「力(セルフケア)」を引き出すもととなります。そのあたりを心得ている担当者かどうかが問われます。

▼【通所介護】――事業所に通って生活上の介護を受けるサービス

8 生活相談員が、その人のことをどこまで理解してくれる？

いわゆるデイサービスです。どのようなイメージを描かれていますか？

一般的には、自宅に送迎車が来て、通った先で食事をしたり、お風呂に入る、あるいはレクリエーションなどで時間を過ごすという光景が浮かぶのではないでしょうか。

ただし、それだけではありません。利用者一人ひとりの状態や意向に沿った計画を立て、運動機能を保つための訓練や看護師による健康管理なども行なわれます。

その人なりの性格なども見込んでいるかどうか

大切なのは、この「一人ひとりの状態や意向に沿っているか」という点です。

世の中には「急に知らない人ばかりの所へ行っても、すぐになじめる」という社交性のある人もいれば、「なかなかなじめない」という引っ込み思案な人もいます。

高齢で介護が必要となれば、引っ込み思案な部分はより大きくなったりします。認知症の人であれば、「どこに連れてこられたのだろう」という戸惑いも強くなり、事業所からすぐ出て行こうとするなど、不穏な行動がエスカレートする恐れがあります。

この点を考えれば、「その人が自然になじめるようにするため、そのデイサービスではどんな配慮をしているのか」に着目することが必要です。

いい「生活相談員」がいるかどうかをポイントに

通所介護には**「生活相談員」**という人がいます。この生活相談員は、利用者一人ひとりの心身の状態や「家でどんな生活をしているか（してきたか）」をきちんと調べたり、本人・家族と面談して「どのように過ごしたいか」を受け止める役割を担います。

そうして得た情報をもとに、事業所でその人らしく過ごせるような計画を作ったり、その計画がきちんと進められるよう、現場の職員とやりとりを行なったりします。

利用者や家族としては、この生活相談員が「自分の思いや生活習慣をきちんと受け止めてくれるか」という点に注意を払いたいものです。

たとえば、いい生活相談員というのは、面談などの前に担当ケアマネジャーときちんと情報交換を行ない、面談時にはおおむねこちらのことを理解してくれているものです。たとえば、ケアマネジャーにすでに話していることについて、面談時に確認はしても繰り返しゼロからの質問はしない、といった点をポイントに置いておくといいでしょう。

〈チェックリスト〉事業者選びはココがポイント!! 【通所介護】編

	チェックポイント	解説
①	本人の生活の意向に沿った活動内容を事前に示してくれる	「そこに行って何をするのか」という動機を、利用者ごとにしっかり導けることが通所の基本
②	事前見学の申し出にていねいに応え、体験参加も受け入れ	自分の目で見て体験する機会を提供することは、本人の意思を尊重することの証でもある
③	初参加の人にはベテラン職員が密着して「不安」を取り除く	初参加の人は誰でも落ち着かない。「つなぎ」役が早く場になじめる誘導を心がけることが大切
④	本人の「集団の中での役割」を早期に見つけて集中サポート	「その場で果たせる役割」を本人が見つけ出せるかどうかで、「次も来たい」という意欲を左右
⑤	個別の機能訓練で、前後インターバルをしっかりとっている	事前のバイタルチェックや、事後の状態観察、次回に向けたヒアリング等が機能訓練の土台に
⑥	食事前の嚥下体操や水分補給など、食を進める工夫がある	誤嚥事故の防止はもちろん、食欲増進による栄養改善に向けたノウハウが厚くなっているか
⑦	全体で行なう体操でも、一人ひとりの動作や意向に十分配慮	身体機能等で「自分だけ他の人についていけない」という状況は強い落ち込みを生むことに
⑧	複雑な「上乗せ利用料」についてわかりやすく説明できる	18年度に通所介護のお金に複雑な加算が急増。理解が難しい利用者との間で溝が生まれがち
⑨	利用者が、帰宅間際まで疲労を訴えたり不穏さを見せない	ほどよくクールダウンしてもらえるノウハウが整っている。延長利用の受け入れほど重要に
⑩	利用者の着衣、髪形、化粧等が総じて整っている印象がある	利用者の整容は、送迎時のケアや(通所利用による)家族のレスパイトがしっかりできている証
⑪	送迎運転者と話をしたとき、利用者のことをよく知っている	サービスは送迎から始まっている。運転者の気遣い一つで利用者の状態が大きく変わることも
⑫	いつ見ても、職員の靴や事業所の玄関回りがきれいな印象	玄関回りや靴への気遣いは、雨の日で滑りやすくなることなどへの注意が行き渡っている証拠

▼【地域密着型通所介護】——定員18人以下の小規模なデイサービス

9 その人なりの「居場所」づくりをきちんとかなえているか？

通所介護（デイサービス）のうち、定員18人以下の小さな規模のものを「地域密着型通所介護」と言います。通常の通所介護は原則として都道府県が事業者の指定を行ないますが、こちらについては身近な自治体である市区町村が指定を行ないます。

小規模だから「一人で落ち着ける」とは限らない

小規模なので、「知らない人がたくさんいる中だと、なかなか落ち着けない」という人には向いているでしょう。このほうが、「機能訓練などにも集中して取り組める」という人はいるかもしれません（もちろん、その人の性格や意向によります）。

仮に「小規模のほうが落ち着ける」という人ならば、「そのメリットを本当に生かした環境になっているか」がポイントです。たとえ少人数でも、狭い場所に一定の人数が集まれば、かえって「逃げ場（一人で落ち着ける環境）」がなくなる可能性もあります。

また、「スペースが狭いから小規模にしている」という事情が強いと、余裕を持って機

〈チェックリスト〉
事業者選びはココがポイント!! 【地域密着型通所介護】編

	チェックポイント	解説
①	小規模である点のメリットを事業者がきちんと説明できる	小規模型の特性を事業者が理解していないと、「小さいこと」の不都合が先に立ちかねない
②	生活相談員が、本人の趣味・趣向に合わせた過ごし方を提案	本人も気づいていない「楽しみ」の方向性を、過去の生活歴などから掘り起こすのもプロの技
③	ベランダ、テラス、縁台等に過ごしやすい環境の知恵が集中	「一人で落ち着ける」かつ「屋外との接点」の部分こそ、小規模デイの社会参加支援のノウハウが現れる
④	生活相談員が、屋内各スペースの面積を具体的に説明できる	「小さなスペースでできること」を提案するためには、面積を常に頭に入れていることが必要
⑤	庭がある事業所の場合、そこでも機能訓練できる工夫がある	手すり、意識して脚を上げられる段差、車いすに座ったまま園芸作業ができるガーデニングなど
⑥	テーブル、椅子の安定性や家具間の動線確保をしっかり計算	小規模スペースではテーブル、椅子が手掛かりになりやすい。車いす移動時の妨げにも注意
⑦	事業所前の道路の状況が、事務室などから見えやすい環境に	エントランスが狭い分、利用者が外に出るとすぐ公道という場合も。事故防止への配慮が重要
⑧	農産物差し入れ、ボラ参加等ご近所との交流が目に見える	小規模型は民家との距離が近い。ご近所の理解と協力が円滑な事業所運営のカギとなる
⑨	デイの休日は、認知症カフェなど地域に開放できる資源に	これも地域の理解と交流を進めるうえで有効な手段。利用者以外の人にとっての拠点づくり
⑩	小学校や幼稚園が近くにあり、子供たちとの交流もしやすい	幼稚園などの近くの路地などは交通規制が敷かれていることも多く、利用者にとっても安全
⑪	事業所に最低1人は「利用者のいじられ」役となる名物職員が	小規模だからこそ、(奥手の人でも)かかわりやすい職員がいることが閉塞感を和らげることに
⑫	利用者同士の人間関係の「つなぎ」ができる司令塔的職員が	小規模だと人間関係がこじれた場合の「逃げ場」が難しい。人間関係の調整ノウハウが特に重要

能訓練を行なう環境もないといったことも起こり得ます。利用者自身が「求めているもの」は何かをはっきりさせたうえで、慎重な事業所選びが求められます。

「音」に対する配慮ができているかどうかがポイント

通常型・大規模型の通所介護事業所（デイサービス）でも同じですが、目当ての事業所があったら、まずは見学をさせてもらいましょう。その際には、担当のケアマネジャーと一緒に見学すると、いろいろアドバイスを受けることができます。

環境面で特にチェックしたいのは、「音」です。「他者の視線を気にせずに済む」という点についてはパーテーションなどで調整できますが、「音」（ＢＧＭや他者の話し声、歌い声など）については、防音室でもない限りなかなか逃れるのは難しいでしょう。

となれば、事業所としてどこまで気を配っているかが問われます。

たとえば、ＢＧＭなどは耳障りにならないもの（クラシック音楽など）を小音量でながしているか。一人で「別の音楽を聴きたい」という利用者のために、携帯プレーヤーやヘッドホン付きラジオなどの貸出しを行なっているかどうかを確認しましょう。

また、陽気のいい季節には、サッシを閉めてベランダで一人お茶などを楽しむのも「居場所づくり」には最適です。そうした空間の用意があるかどうかもポイントです。

▼【認知症対応型通所介護】——特に認知症の人に対応したデイサービス

10 認知症の病態や心理状況を十分に理解したケアができているか

認知症の人の場合、心の状態などが不安定になりがちな中、一般の通所介護ではなかなかなじめないこともあります。そうした場合に注目したいのが認知症対応型通所介護です。

他の通所介護と比べて特徴的なのは、①管理者が厚生労働省の定める認知症研修（認知症対応型サービス事業管理者研修）を修了していること、②定員は原則として12人以下という地域密着型通所介護よりもさらに少なくなっていることです。

なお、145ページの認知症グループホームや127ページの地域密着型特養ホームの「居間」や「食堂」などを活用して行なうスタイルもあります。

管理者は、認知症の専門研修を受けているが……

管理者が認知症の専門研修を受けているということは、認知症の人が不穏になる状態（専門用語では、認知症の行動・心理症状〈BPSD〉と言います）をどうすればやわらげることができるかというノウハウを備えているはずです。

【認知症対応型通所介護】

たとえば、環境づくり（人の五感に訴えて症状をやわらげる取り組み）や、職員による本人への向き合い方（声かけや表情なども含む）も、専門的な知識に沿って行なわれます。

ただし、現場のすべての職員にそれが浸透しているとは限りません。

たとえば、認知症ケアの経験が豊富な人材が集まりにくい地域では、せっかくのノウハウを浸透させるまでにそれなりの時間がかかることがあるからです。

内部研修の様子や認知症専門医との提携をチェック

この点を考えたとき、普段からの職員教育がどうなっているかをチェックしたいものです。見学などの際に管理者と話をし、特に新人の職員に対して、「認知症ケアの研修」がどのように行なわれているかを尋ねてみましょう。

また、認知症の人の症状（ＢＰＳＤ）をやわらげるうえでは、本人の持病や痛み、服薬の管理などがきちんと行なわれていることも必要です。しかし、かかりつけの医師などが認知症に詳しくないと、そこまでのアドバイスを受けるのが難しいこともあります。

そこで、事業所として、認知症の専門医に協力をあおぐような体制がとられているかどうかも確認してみましょう。たとえば、現場で「不穏の原因がわからず困っている」といったときに、そうした医師からアドバイスを受けるという習慣があれば心強いと言えます。

〈チェックリスト〉
事業者選びはココがポイント!!　【認知症対応型通所介護】編

	チェックポイント	解説
①	利用開始前に、認知症ケアパス共有がきちんと行なわれている	どのような原因疾患や合併症があるか、医療からの確かな情報収集が行なわれている証
②	単なるお世話ではなく、本人の役割を大切にしてくれる	認知症の人は、そこで「自分なりの役割」を果たせることが安心を取り戻す大きな力となる
③	生活相談員が「デイ利用外」での過ごし方もアドバイスする	最初は「デイでの活動」も試行錯誤になるもの。事業所と家族が一体となった取り組みが大切に
④	職員の半分以上が何らかの認知症専門研修を修了している	認知症ケアについて高い専門性が必要となるため、管理者以外の人材の育成力も問われる
⑤	五感の中でも、「匂い」について特に気を配った工夫がある	嗅覚が認知症の人の心理に与える影響は大きい一方で、事業所の工夫が徹底されにくいことも
⑥	外観や入口で威圧感を与えない気遣いをほどこしている	見当識が衰えていると、建物の外観・扉に威圧感を受けやすい。通い中心のサービスは特に注意
⑦	通いに拒否反応を示した際の対処がしっかり練られている	その日の体調等によって拒否反応が強くなったりするのもしっかり想定されていることが必要
⑧	現場職員が、地域の風土や歴史等についてよく勉強している	その地域の利用者に多い職歴や地域独特の芸能について精通することが、認知症ケアには必須
⑨	食事の献立に、利用者個々の趣向を反映する努力がみられる	みそ汁の味つけや副菜の種類など、個別対応ができる部分でどれだけ本人の趣向を重視しているか
⑩	前頭側頭型など少例の認知症の受け入れにも取り組む努力あり	最初から「受けられない」ではなく、多職種連携で「やってみる」という組織風土が大切に
⑪	今、どうありたいかについて本人の意思を尊重してくれる	通所での過ごし方など、本人が主体的に決定できる風土はあるかが事業所の質を決定づける
⑫	他のサービス以上に職員のメンタルケアを手厚く実施	マンツーマンで長時間対応にあたるケースも多いサービス。職員のメンタル調整は大きな課題

▼【通所リハビリ】――デイサービスのように事業所に通ってリハビリを

11 事業所の医師が、その人の家での生活のことを理解しているか？

通所介護のように事業所へ通い、家での生活行為を保ったり向上させたりすることを目的に、しっかりリハビリを行なうというサービスです。デイケアとも呼ばれます。

運営しているのは医療法人で、病院や介護老人保健施設（１３０ページ参照）に併設していることも。リハビリに際しては、理学療法士などの専門職が必ずかかわります。

リハビリ実施に際して、医師の発言力は大きい

医療保険によるリハビリには日数制限が設けられていて、持病などの管理も行ないつつ介護保険のリハビリに移っていくというケースも増えています。

そうした中では、本人の体調などにきちんと配慮しながらのリハビリが欠かせません。本人の状態によっては、「リハビリを中断する」という必要も生じます。

このあたりの判断は医師（通所リハビリでは、専従の医師がいることが必要です）が行なうことになります。この医師からリハビリの専門職に対して「必ず指示を出す」という

〈チェックリスト〉事業者選びはココがポイント!! 【通所リハビリ】編

	チェックポイント	解説
①	リハ計画の作成に際し本人・家族の意向を尊重する姿勢あり	法令上は本人・家族の希望を踏まえることが必要だが、真に尊重する姿勢があるかに注意を
②	家屋の状況等についてリハ職がきちんと実地調査している	通所でのリハが生活の動線に活かせないと意味はない。実地調査にどれだけ力を入れているか
③	障害がある部分だけでなく、全身の事前チェックを丹念に	事前情報で上がっていなくても、高齢だと注意が必要になる心身状況は多い。見逃しは危険
④	その日のリハ内容について、本人にわかりやすい説明努力が	専門用語で早口となれば、本人には理解不能な場合も。図なども用いたていねいな説明が大切
⑤	開始前の何気ない会話等で、本人の緊張を和らげてくれる	心理的緊張によって可動域などが変化することも。リハの入口における気配りが問われる
⑥	リハの方向性と母体法人の主な診療科がマッチしている	母体法人の主な診療科が脳神経外科であれば、脳梗塞によるリハビリなどの見識は期待できる
⑦	作業療法士を手厚く配置し、家でもできる作業をアドバイス	「家にあるものでこんな訓練もできる」というアドバイスの豊富さは日常での機能向上に有効
⑧	言語聴覚士が最低でも１人いてマンツーマン指導も行なう	構音障害（※）や失語症のリハは、本人が焦らずじっくり取り組める環境があることが大切になる
⑨	事業所の利用者のうち、重い認知症の人が２割以上いる	不穏状態などが強くてもリハがきちんと進んでいるということは、認知症ケアのレベルも高い
⑩	使っている福祉用具について用具事業者としっかり連絡を	通所リハを家での生活動作に活かすために、福祉用具のあり方も検討してくれるとありがたい
⑪	リハの中断や内容変更の理由を本人の気持ちに沿って説明	中断や内容変更は、本人や家族には「何が問題か」気になる。不安をあおらない説明能力が大切
⑫	通所を休んだときに、担当リハ職から状況うかがいの連絡が	本人にとって「担当者がいつも気にかけてくれている」ことが、その後の意欲を大きく左右

※構音障害……伝えたい言葉は理解しているが、脳梗塞などの後遺症で唇や舌にマヒが生じてうまく「発音」できなくなる障害のこと

しくみが整えられている事業所には、介護保険による高い報酬がつきます。

主治医や訪問看護と足並みを揃えてくれるかどうか

さて、「医師からの指示がしっかりなされる」のなら、利用者も安心できるでしょう。ただし、医師が「利用者の望む生活」をどこまで理解しているかが問われます。

たとえば、本人としては、「家のお風呂に入れるようにリハビリをする」という意思があるとします。しかし、心疾患や高血圧症があったりすると、医師によっては「家のお風呂に入る」ことに難色を示すこともあるでしょう。そうなると、そもそものリハビリの目標設定が「本人の意思」と変わってしまうことも起こりえます。

もちろん、訪問看護などを使いつつ、本人の体調管理を万全に行なうという中で、「家のお風呂に入る」ことを実現することは、可能性としてゼロではありません。

しかし、主治医や看護師がそれを進めようとしても、リハビリ側の医師が同じ方向を向いてくれなければ、本人の意思をかなえるうえでハードルが生まれてしまいます。

こうした点を考えると、通所リハビリの医師が、本人の「こうしたい」（あるいは、家族の「こうしてあげたい」）という考えをどこまで尊重できるかが問われるわけです。その事業所の医師がどんな「医療観」を持っているのかがポイントとなります。

▼【短期入所生活介護】――短期間だけ泊まって生活上の介護を

12 慣れない環境での「夜間の生活」にきめ細やかな配慮はあるか

介護が必要な人の同居家族には、家を空けなければならない用事があったり、高齢などで介護疲れが生じやすいことがあります。そうしたときに心強いのが、一時的に利用者本人に「泊まってもらう」というサービスです。いわゆるショートステイです。

もっともポピュラーなのが、短期入所生活介護。そこに泊まりつつ、生活上のさまざまな介護や機能訓練を受けたりするというものです。

利用後の「生活サイクル」の乱れに注意したい

注意したいのは、短期間とはいえ、本人にとっては慣れない環境で昼夜を過ごすことです。なじみの事業所があるとしても、「家以外で寝泊まりする」というのは、いつもの生活サイクルに多少なりとも乱れが生じるのは当然でしょう。

たとえば、「夜間、よく眠れない」ということになれば、その分、昼間はうとうとしてしまうなど「昼夜逆転」のような状態にもなりかねません。また、認知症がある場合、不慣れな環境によって混乱などの状態が強まることもあります。

このまま家に戻ったとして、心や身体にダメージが残りかねません。同居家族の「介護疲れ」を癒やすためのサービスが、かえって家族の負担を増やしてしまうわけです。

夜間の「トイレ不安」の解消に気を配っているか

このあたりを「きちんと配慮してくれる事業者」のバロメーターは何でしょうか。

まず、急な利用であっても、担当のケアマネジャーとしっかりコミュニケーションがとれているかどうか。これにより、「どうすれば本人が穏やかに過ごせるか」をしっかり考えてもらうわけです。その点では、(すぐに利用するというわけでなくても)担当ケアマネジャーから、「普段から付き合いが深い」という事業所のリストを出してもらいましょう。

そのうえでチェックしたいのが、本人の夜間の生活にかかわってくる環境です。

具体的には、ベッドの高さや固さが本人になじんでいるかどうか。それと、夜間にトイレに立つ場合のナースコールなどが使いやすいか。夜間の呼び出しに対応する職員の数が手厚くなっているかどうか。もし「呼び出しにくい」「呼び出してもなかなか対応してくれない」となれば、夜間のトイレを我慢することになります。この部分の安心への配慮があれば、少なくとも「夜、トイレの不安があって寝つけない」ことは防げるわけです。

〈チェックリスト〉事業者選びはココがポイント!! 【短期入所生活介護】編

	チェックポイント	解説
①	利用前に事業所の担当者が自宅を訪問して面談してくれる	本人の生活状況だけでなく、どんな環境で過ごしているかを調べてケアに活かせることが大切
②	自事業所の予約状況などをケアマネと通じて定期的に発信	情報提供では、どんな間取りのどの部屋が空いているのかなども知らせてくれるとベター
③	他サービスでの機能訓練などを入所中も実践してくれる	個別機能訓練の加算等をとっていなくても、日常で行なっている訓練を意識してくれるかどうか
④	上記の機能訓練について事前の情報共有がなされている	「いつもしていること」の継続は、機能の維持・向上だけでなく生活サイクルを整えることにも
⑤	入所直後に本人にヒアリングし、随時環境改善をしてくれる	入所しての感想ヒアリングは、本人と現場職員との間のコミュニケーション機会としても重要
⑥	長期入所の場合、家族・親族に入所中の様子を伝えてくれる	文章記録や生活中の様子をおさめた写真・動画などを随時確認できることが家族の安心に
⑦	本人の呼称（苗字か名前かなど）について事前確認がある	いつも「使われている呼称」を再現することは、本人がなじめる環境づくりの入口でもある
⑧	ナースコールなどについて、ボタンの実物などを事前に提示	泊まりが初めての場合、ナースコール自体の扱いに慣れていないことを想定した対応の一つ
⑨	家の寝室に飾ってある置物・絵等を入所居室に置いてくれる	認知症でなくても夜間の見当識障害が生じることも。近くに見慣れたものがあれば安心に
⑩	入所当初の眠剤導入も、主治医との連携で計画的な減薬を	生活サイクルが乱れることで投薬が増えることもあるが、そのままにしないケアが求められる
⑪	他の入所者との人間関係のつなぎノウハウの説明がある	家族以外の人との昼夜生活は慣れないとストレスに。どんなケアを意識しているかが問われる
⑫	初の利用後に口腔・栄養の状態がきちんと維持されている	利用後の状態悪化に特につながりやすいのが口腔や栄養。この部分は特にチェックしたい

13 母体となる医療機関の特徴について押さえておきたい

本人に経管栄養の管理やたんの吸引、褥そう処置などの医療的なケアが必要な場合、前項の短期入所生活介護では、対応できないというケースもあります（ただし、事業所によっては訪問看護などの受け入れで対処していることもあります）。

そうした利用者のショートステイ先となるのが、短期入所療養介護です。運営できるのは主に医療法人で、病院や老人保健施設に併設しているスタイルの事業所も。また、個人の開業医が有床診療所のベッドを活用して行なう例もあります。

お目当ての医療機関にサービスがない場合

さて、医療的なケアが必要となれば、「かかりつけの病院や診療所で運営している」という事業所が、利用者や家族にとってはもっとも安心でしょう。しかし、お目当ての医療機関では、このサービスを行なっていないこともあります。

となれば、担当のケアマネジャーに相談して、事業所を探しておくことが必要です。

〈チェックリスト〉事業者選びはココがポイント!! 【短期入所療養介護】編

	チェックポイント	解説
①	重度者の送迎に際し、病院救急のノウハウが生かされている	母体病院が救急搬送を行なっていれば、その搬送のしくみが送迎に活かされているか尋ねたい
②	直近1年の利用者の医療処置の状況について教えてくれる	どのような医療的ケアの実績があるのかについて、きちんと情報提供(統計など)がなされているか
③	事業所医師による診察など、入所時対応の流れが整っている	一定の医療ニーズがある利用者にとって、環境が変わる時点でのていねいな対応は極めて重要
④	本人が「できる」範囲での自己療養について積極的な指導が	口腔ケアやインシュリンの自己注射など、自己療養をマスターすることで帰宅後の状態改善に
⑤	事業所医師・看護師が認知症対応力向上研修を修了している	適切な療養管理が認知症の症状の抑制にもつながる。その点で医師等の認知症対応力がカギ
⑥	夜勤職員に看護師がいるor夜間の看護師への連絡体制確保	老健併設の事業所などは、夜間に専属の看護師配置が義務づけられていないので注意したいポイント
⑦	誤薬防止のためのチェック体制について詳しい説明がある	服薬数の多い利用者が中心となる中、誤薬事故リスクは付きまとう。防止体制をしっかり確認
⑧	服薬介助、療養食提供の際は「顔・指紋等」の認証がある	誤薬だけでなく、療養食の誤提供も大きな事故に。対象者の認証のしくみが確保されているか
⑨	看護師と介護職員のチームワークがとれている印象がある	介護職員によるたんの吸引等も行なわれる中、看護師と介護職の円滑な意思疎通が問われる
⑩	入所中のリハビリや療養の状況について看護師から報告が	本人の状態が重い分だけ家族としては気が気ではない。療養状況は看護師による報告がベター
⑪	末期がんの利用者の受け入れについて過去1年で実績がある	末期がんの場合、入所中に急激な状態変化の訪れも。きちんと対応できる事業所は高レベル
⑫	利用後の利用者の療養について事業所からケアマネに指導	老健は基本的に退所後指導を行なっているが、短期入所でも同じ実践があることをチェック

注意したいのは、「（運営者である）医療法人はどこも同じ」ではないという点です。

経管栄養の管理やたんの吸引などのケアは、ほとんどの場合ＯＫでしょう。ただし、母体となる医療機関で利用者のかかる診療科が「ない」というケースもあります。

そうなると、ショートステイ中もリハビリを受けるとなった場合、いつもの診療科で行なっているリハビリとは「勝手が違う」ということがあります。

リハビリだけでなく「容態急変」の事態も想定

もちろん、かかりつけの病院から必要な情報はわたっているはずです。しかし、リハビリは「本人の行なおうという意欲」が効果を左右することもあります。そこで「勝手が違う」というのが、サービス利用後の生活機能に微妙な影響をおよぼしかねません。

その点を考えたとき、「なじみのない事業所」を使う際には、母体となる医療機関に「自分のかかっている診療科」があるかどうかをきちんと調べましょう。

このあたりの情報は、仮に「持病の容態が急変したら」という点でも大切です。

その持病にかかる診療科があれば、併設する医療機関などですぐ受診できます。しかし、それが「ない」となれば、他の医療機関への搬送の手間がかかることになります。

「いざというとき」の医療の流れを頭に入れておくことが必要です。

――認知症グループホームや介護付き有料の短期利用も

14 短期入所サービスは不足気味 そこで、どんな資源を押さえる？

短期入所生活介護・療養介護ともに、地域によってはサービス資源が不足気味です。そこで、ショートステイ的な利用のできる他の地域サービスを押さえておきましょう。

まず、認知症グループホーム（145ページ参照）や介護付き有料老人ホーム（136ページ参照）では、「短期利用型」というショートステイに該当するものがあります。

また、次項で述べる小規模多機能型居宅介護でも、担当ケアマネジャーが「緊急に利用することが必要」と判断したうえで、もともとの登録者に対するサービスに支障がない範囲で原則（※）1週間までの「短期の利用」が認められています。

短期利用のための運営規定などがしっかりしているか

こうした「短期利用」のサービスというと、他にショートステイが確保できないなど「背に腹はかえられない」という動機が中心となりがちです。

とはいえ、利用後に本人の生活サイクルが乱れたりするのは避けなければなりません。

※家族が病気などやむをえない事情がある場合は２週間まで可

【その他の短期利用系】

その点で、あらかじめ（受け入れをしてくれる短期利用のサービス資源について）情報をストックする際、そこでどんなケアが行なわれるかはきちんと調べておく必要があります。

たとえば、介護付き有料老人ホームの短期利用などの中には、「たまたま空室があったから」といった程度でサービスを提供するパターンもあります。そうなると、本人の家での生活サイクルなどをどこまで見込んでくれているのか、大きな不安が残ります。

そこで、「短期利用を受け入れる際に、特にどんな点に配慮しているのか」という点について、担当ケアマネジャーなどにお願いして「重要事項説明書や運営規定のコピー」などを入手できないか打診してみるといいでしょう。

生活サイクルの乱れによる食欲低下や誤嚥《ごえん》事故に注意

短期入所生活介護では、「利用者の夜間の生活」にどこまで配慮しているかをチェックポイントとしました。介護付き有料ホームの短期利用なども同様ですが、加えて押さえておきたいのが、食事にかかるケアのあり方です。

生活サイクルが乱れたりした場合、食欲が低下して栄養状態が悪化したり、普段は「飲み込み」に問題ない人でも誤嚥《ごえん》事故などのリスクが高まることがあります。こうしたリスクに対する意識を高めて、職員教育などを行なっているかどうかもチェックしましょう。

〈チェックリスト〉
事業者選びはココがポイント!!
【その他の短期利用系】

	チェックポイント	解説
①	空き室ができたから、ではなくビジョンをもった受け入れが	短期利用は「事前情報」の収集の質が問われる。入居受け入れの延長ではないという意識が必要
②	担当ケアマネの紹介の場合、お勧めの根拠を示してくれる	「短期入所先が地域に足りないから仕方なく」ではなく、利用の積極的メリットを確認したい
③	リピーターや定期利用者の数について事前に教えてくれる	リピーターの多さは「また使ってみたい」という動機の現れ。そうした数値データを把握したい
④	利用者に際して事業者による事前訪問と自宅の実地調査が	利用者が普段どんな生活をしているかをしっかり把握するしくみがあることが安心の土台に
⑤	事前見学の受け入れOK。実際に利用する居室を見せてくれ	介護付き有料の場合、モデルルームなどを見せられることも。実際は角部屋というケースも
⑥	短期利用先の一般入居者の7割以上が地元の出身である	短期利用者は一般入居者の中になじめるか不安になる。同地域出身者が多ければ壁も低くなる
⑦	提携病院について、利用者の持病にかかる診療科がある	提携病院の医師訪問を定期で受け入れる所も。自身の持病をよくわかってくれる医師だと安心
⑧	居住費・食費の一般利用との差額について内訳を示している	居住費・食費は保険給付外だが、一般入居との差が大きいケースも。差額の根拠を示してもらう
⑨	利用後の本人・家族の様子や感想についてのヒアリングあり	事業者に「リピーターを増やしたい」意思があれば、アフタフォローもしっかり行なわれるはず
⑩	重い状態でも受け入れ可の場合、看護等体制の裏づけがある	「受け入れてくれるからありがたい」ではなく、本当に受け入れできる体制ができているかどうか
⑪	やむをえない場合の身体拘束の規定について事前説明あり	認知症の人の受け入れ体制が整っていない場合、安易な身体拘束などが行なわれる懸念もある
⑫	過ごし方等について担当ケアマネ、計画作成者と三者面談	介護付き有料等は計画作成担当者がいる。担当ケアマネや利用者と綿密な打ち合わせがあるか

15 認知症の人の「地域生活」という視点が定まっているか

認知症の利用者向けのサービスで、本人のその時々の状態に応じて、「家への訪問」「事業所への通い」「事業所での泊まり」を柔軟に組み合わせるというスタイルです。

何時間訪問したか通ったか、何日泊まったかによって利用料が変わるわけではなく、定額制のサービスです。ただし、訪問介護や通所介護、短期入所生活介護などと一緒に使うことはできません。ケアプランの作成は、事業所のケアマネジャーが行ないます。

なお、看護の機能を強化した看護小規模多機能型というサービスもあります。

認知症の人の「時間の流れ」を理解しているか

訪問・通い・泊まりを柔軟に組み合わせるといっても、事業所側の都合で行なうわけではありません。あくまで、認知症の人自身の「生活の流れ」に合わせて行なわれるものです。

サービス提供者にとっては、認知症の本人に寄り添い、「その人は今、どういう時間の流れにいて、何をしようとしているか」をしっかりと把握することが欠かせないわけです。

〈チェックリスト〉事業者選びはココがポイント!! 【小規模多機能型】編(看護含む)

	チェックポイント	解説
①	利用前に現場の担当者が本人としっかり面談し関係づくり	本人は相手の立場が認識できなくても、「印象」は後々まで残る。良好なサービス利用の土台に
②	担当ケアマネの情報提供に際し、事業者側から動いてくれる	担当ケアマネがいた場合、事業所への情報提供も。ケアマネ側の負担を軽減できれば確実な情報取得に
③	本人の意思を尊重し、「通い」へのつなぎを焦らずじっくりと	最初は「関係」ができたスタッフが訪問し、「とりあえず散歩に誘う」という流れでも構わない
④	本人の生活歴を掘り下げて「通い」の動機を探ってくれる	「なぜ事業所に通うのか」という本人なりの納得を作り出せることが、事業所の腕の見せ所
⑤	連携する認知症専門医の実績についてきちんと説明がある	BPSDの緩和について豊かな実績があれば、現場職員の負担軽減→良質なケアの流れが作れる
⑥	利用者が発案・運営したイベントについて聞かせてくれる	小規模多機能で大切なのは「本人の主体性」がいかに発揮されているか。その実績を尋ねたい
⑦	ブレーンとなる作業療法士が事業所にいる。非常勤でもOK	利用者の「できる・している」生活を広げるためのヒントをどれだけ用意できるかがポイント
⑧	事業所での「利用者の看取り」の実績が過去に複数件ある	「看取り」実績があるのは、その人らしく最期までという理念の集大成ができているということ
⑨	事業所に縁側などがあって、居間と地域との境が緩やかに	近所の人や学校帰りの子供たちと居ながらにして交流できる環境が、本人の社会参加を進める
⑩	利用者同士が物事を決める「本人会議」が行なわれている	事業所の主人公は本人。「自分たちがどうしたいか」を自分たちで決める風土こそ尊厳の源に
⑪	事業所の入浴環境(入浴剤なども含む)に特に「こだわり」が	生活の流れの中で「お風呂」は(五感にも訴える)大切なインターバル。事業所の姿勢が現れる
⑫	「泊まり」に際し、本人こだわりの寝間着・枕がキープできる	「昔、よく着ていた柄の寝間着」などを本人・家族とよく話し合って用意。安眠につながる工夫

とはいえ、職員にも「自分の生活」はあるわけですから、1人の職員がずっと本人に寄り添うわけにはいきません。事前に本人が抱いている「思い」や「生活サイクル」をきちんと把握したうえで、シフトを組んでいくことが必要になります。

この点を考えたとき、「認知症の人のことを知る」ための手段やツールがどうなっているかがポイントです。これがしっかりしていないと、職員がすぐ燃え尽きてしまうことになり、安定した質のサービスを期待することはできなくなります。

「地域生活」をコーディネートするノウハウはあるか

もう一つ大切なのは、人間の生活は「家や事業所の中」だけで完結しているわけではないという点です。つまり、その人が生活している「地域」に目を向けることが必要です。

具体的には、地域の人と交流したり、さまざまな活動をすることについて、「本人がしてきた地域での生活」を理解しつつコーディネートするノウハウが求められます。

サービスを選ぶ際には、事業者が「(利用者層が住んでいるあたりも含めた)地域のことをどの程度知っているか」を尋ねてみましょう。たとえば、「近くに通学路があり、利用者と散歩する際に子どもたちと交流できる」とか、「地元の公民館で家庭菜園を行なっているので、そこで野菜づくりができる」といったビジョンを語ってくれるかどうかです。

▼【福祉用具貸与・購入費】——生活をサポートする福祉用具のレンタル等

16 いざというときのメンテナンスなど細やかな対応力があるかどうか

介護保険では、介護用ベッドや車いす、床ずれ防止用具、歩行器など13品目の福祉用具をレンタルすることができます。また、レンタルになじまない福祉用具（特定福祉用具と言い、腰掛便座や入浴補助用具など5品目）については、購入費が給付されます。

なお、都道府県によって指定された業者からのレンタルや購入でないと、介護保険は使えない（つまり、メーカーからの通信販売などは不可）ので注意しましょう。

商品・価格の提示についてルールを守っているか

介護保険での福祉用具取扱い業者には、福祉用具専門相談員（以下、専門相談員）という人がいます。この専門相談員が、（担当ケアマネジャーとも打ち合わせをしつつ）利用者が「困っていること」などを把握して、その人に合った福祉用具を提案してくれます。

国が定めたルールでは、専門相談員には以下の義務が課せられています。

①同じ用途の福祉用具について、機能や価格帯の異なる複数の商品を提案すること。②

①で提案した商品について、それぞれの特徴や（国が示している）全国平均のレンタル価格を説明すること。③福祉用具レンタルの計画書を作り、利用者に交付すること。

ちなみに、全国平均のレンタル価格だけでなく、各商品の上限価格も国によって示されています（これらは厚労省のHPで確認できます）。つまり、専門相談員が特定の商品ばかりをすすめたり、上限を超えたレンタル価格を提示しているとすれば、それはルール違反の可能性が高いと考えるべきでしょう。注意したいポイントです。

もし、事業所が休日の時に故障したらどうなるか

もう1つ注意したいのは、福祉用具が故障や不具合が生じるといったケースです。

そうなった場合、専門相談員を通じてメンテナンスをお願いするわけですが、（メーカーへの手配や代替品を用意するなどの）対応がスムーズにいかないと、その間に利用者の状態が悪化するなどの不都合も生じかねません。

この点を考えれば、故障など「いざというとき」の対応がどうなっているかについて、事前にしっかりチェックすることが必要です。たとえば、事業所が休日の場合でも、連絡をとることができるのかなどを確認しておきたいものです。

確認に際して不安がある場合は、担当ケアマネジャーにも同席してもらいましょう。

〈チェックリスト〉事業者選びはココがポイント!! 【福祉用具貸与・購入費】編

	チェックポイント	解説
①	相談員の訪問時、すぐに上がるのではなく玄関で少し立ち話	玄関は「利用者の社会参加」の接点とともに、活動情報の宝庫。ここに注意を払える事業者は○
②	サンプル提示や動画での使用の様子など、情報提供に積極的	手すりの手触りや車いす座面の感触など、「ふれる」ことでの納得をどこまで大事にしているか
③	同じ品目での価格差が生じている根拠をわかりやすく説明	機能差の説明では、どうしても専門用語が先に立ちがち。利用者目線で説明できる能力が必要
④	機能だけでなく、メーカーの特徴や考え方も示してくれる	各メーカーがどんな点に特に力を入れているか。利用者にとって意外と重要な選択ポイント
⑤	利用開始時の使い勝手はもちろん、数日内に再度訪問で確認	開始直後は「使いやすい」と感じても、時間がたつと感覚の変化も。初期での訪問確認が大切
⑥	各商品のメリットだけでなくデメリットの情報もはっきり	商品にかかる負の情報もきちんと得られることが、利用者が納得して選択できるための条件
⑦	機能だけでなく、デザインについても利用者目線で提案	歩行器など外出時でも使う器具は、ファッション要素も大切という点で提案してくれるか
⑧	本人の通所先やよく行く外出先などにも相談員が足を運ぶ	福祉用具は屋内の活用にとどまらないことも。利用者の行動範囲を実地で調査してくれるか
⑨	コンセント位置や搬入時の廊下幅もしっかり事前チェック	大型のベッドなど搬入時に襖を取り外さなければならない等の不都合があると利用者の負担に
⑩	福祉用具専門相談員が、認知症対応の専門研修を受けている	認知症で見当識が衰えている人でも、福祉用具を進んで使ってもらえる意思疎通が大切に
⑪	軽度からの福祉用具活用の大切さについてビジョンがある	国は軽度者の福祉用具給付を抑えようとしているが、重度化防止には軽度からの導入も重要に
⑫	「よく売れて（貸与されて）いる」という話は極力しない	福祉用具は、「その人の状態や環境に合うか」が大切。シェアの高低は事業所都合になりやすい

17 それは本当に役に立つ改修？ 事業者の「実績」に注意

介護保険では、利用者1人につき20万円までの住宅改修ができます（ただし、要介護度が3段階以上上がったり転居すれば、そこからまた20万円の改修が可能です）。20万円というのは自己負担込みの金額で、自己負担は1～3割です（巻末参照）。対象となる改修は、手すりの取り付けや段差の解消など6項目です。

ただし、原則として償還払《しょうかんばら》いとなります。償還払いというのは、いったん費用の全額を前払いし、その後給付分だけ払い戻してもらうというスタイルです。

なお、地域によっては自治体が指定する事業者を使った場合に、前払い金が不要となるケース（受領委任払い）もあります。詳しくは担当ケアマネジャーに相談してください。

ケアマネジャー等が作成する理由書への理解は？

さて、いずれにしても20万円の範囲内ですから、本人の自立を進め、生活の質を向上させるうえで「本当に役に立つ改修」をかけていくことが必要です。

〈チェックリスト〉事業者選びはココがポイント!! 【住宅改修】編

	チェックポイント	解説
①	幅広い建材メーカー等とのネットワークができている	利用者の状態やニーズ等によって「特殊な建材」が必要になることも。幅広い入手先が問われる
②	改修中の防音・防塵などについてしっかりしたノウハウがある	改修中の騒音などは、要介護者(特に認知症の人)にとって大きな負担となりやすい
③	改修後の不具合等について補修・補償等の説明がきちんとされる	住宅改修の不具合は、利用者へのダメージが大。アフターサービスについてもしっかりチェック
④	業者側の担当者に、介護現場での管理者経験がある人がいる	理由書等を作成するケアマネと話がよく通じる人。要介護者の機能の見立てができる人が貴重
⑤	建材のサンプルなどを携帯して、実際に触らせてくれる	床材や手すり材の感触などは、生活者にとっては大切な情報。そのあたりの尊重度がわかる
⑥	トイレや浴室など、特に水回り系の改修実績が豊富である	断熱、防水を含め、改修工事が特に複雑になりがちな部分でノウハウが蓄積されているかどうか
⑦	工事を下請けに出してしている場合、その旨をきちんと説明	人手不足の時代、工事をさまざまな業者に下請けに出すことも。そのあたりの情報公開は必須
⑧	看護師やリハ専門職などがアドバイザーとしてついている	療養環境や人間工学的な見識を担保するためのブレーンが確保されていることが大きな安心に
⑨	見積りの内訳項目について、素人もわかる解説をつけている	限られた給付の中で「無駄な費用」が発生していないか点検するには、利用者の理解向上が大切
⑩	大規模改修に際し、近所へのことわりなどを代行してくれる	騒音などが発生しやすい工事で利用者が独居などの場合、近所へのあいさつ代行がありがたい
⑪	地域のリフォーム詐欺防止施策や苦情窓口等の啓発がある	事業者が行政と密に連携し、自ら詐欺防止に積極的か。悪質な事業者が多い中で着目したい点
⑫	改修前後のケアマネの点検の手配で積極的に動いてくれる	ケアマネの動きが鈍い場合など、事業者側が自発的に連絡をとってくれるとありがたい

市区町村から保険給付を受けるには、申請書のほかに「住宅改修の理由書」などが必要となります。これは担当ケアマネジャーにお願いすれば作ってくれますが、この理由書に「利用者の状態や生活の動線にそくした改修の内容」が記されるわけです。

問題なのは、実際に改修を手がける事業者が、理由書に記した「介護が必要な人の状態や動線」などを十分に理解できていないケースです。そうなると、改修したはいいが、本人にとっては「どうも使いにくい」となりかねません。

本人の状態に近い「過去の改修例」を示してもらう

そこで大切になるのは、事業者の「福祉関連の住宅改修に関する実績」と「改修前にきちんと実地調査をしてくれるかどうか」です。ちなみに、先に述べた「自治体が指定する事業者」であれば、ほとんどの場合は安心です。

ただし、「脳梗塞によるマヒがある人のための改修」の実績は多くても、「パーキンソン病の人のための改修」の実績がほとんどないなど、事業者によって「実績の中身」が微妙に違ってくる場合もあります。

事業者選びの際には、本人の持病や心身の状態をしっかり伝え、それに近い過去の改修例などを示してもらいましょう。それを担当ケアマネジャーと一緒に検討します。

第3章

住み替えや施設入所で受けるサービス

介護保険施設って何？　居住系サービスとの違いは？

本人に重い療養が必要になったり、認知症が進んでいる。一方で、同居家族がいない、あるいは家族も高齢で無理がきかないという状況があるとします。

こうなると、①介護保険が使える施設などに入ったり、②介護サービスもセットになった住居へ住み替えるという選択肢も考える必要があるでしょう。

①は、利用者の所得によって（家賃にあたる）居住費も一部介護保険から給付されます（補足給付）。特別養護老人ホーム（以下、特養）など4つの種類があります。

②は、そこで提供されるサービスだけが介護保険からの給付によってまかなわれます。介護付き有料老人ホームや認知症グループホームがあります。

施設等にその人を「当てはめる」という考え方はNG

住み慣れた家を離れるとは言っても、その人はその人。生活自体は継続しています。この点が無視されて、施設や住み替え先に「その人を当てはめる」というのでは、その人らしい暮らしや人生を尊重することはできません。その点を施設等の側がしっかり心得て、その人のことを理解しようとする姿勢があるかどうかが問われます。

「施設等に入って受けるサービス」のポイント

住み慣れた「わが家」から離れても
その人なりのかなえたい生活・人生がある

長年の趣味だった日本画を描きたい…という気持ち	家の家事を担ってきた「役割」を果たしたい…という気持ち	地域に出向いて昔の仲間と交流したい…という気持ち

かなえるには、何が必要なのか…

●絵筆を少しでも扱えるように指先の機能訓練や拘縮の予防を ●職員のサポートを受けつつ、最初は絵手紙などから始めてみる ●同じ趣味の入居・入所者と一緒に取り組み、意欲を継続させる	●調理の手伝いや整理整頓、掃除など、自分ができる「役割」がある ●少しでも「役割」が続けられるよう、体力・機能維持に取り組む ●若い職員と一緒に行ないつつ、自分から教えるなど「役割」が拡大	●地域に出かけていくための体力や歩行機能の維持・向上の訓練を行なう ●旧知の仲間とコンタクトがとれて、集いの場などに職員と出かける ●時には仲間の方に訪ねてもらい、交流スペースなどで一緒に過ごす

望む生活を実現できる計画立案やスタッフが
充実しているかが問われる

▼【特別養護老人ホーム】――原則要介護3以上で入れる施設

1 どんなに重い状態であっても その人らしい生活の姿を追求

原則として要介護3以上の人が入所して、食事や排せつ、入浴など生活上の介護を受けることができます。「原則として」とあるように、要介護1・2でも、認知症で日常生活に支障をきたすような症状があるケースなどは、特例的に入所できることがあります。

多床室（4人部屋など）の施設もありますが、現在は「個室」で何人かの入居者が1つの共同生活エリア（ユニット）を形成する「ユニットケア」というしくみが中心です。

「その人の可能性」に着目できるかどうかが基本

状態が重い人の「終の住処」（実際に施設での看取りも多い）――と言われる特養ですが、大切なのは「人は人生の最期まで成長している」という点です。

この点を大事にしつつ、どんなに重い状態でも「その人なりの可能性」に目を向け続けることができるか。特養の評価はこの一点にあると言ってもいいでしょう。

ビジョンは素晴らしいけど、具体的にどんな点を見ればいいの？　と思われるでしょう。

〈チェックリスト〉
施設選びはココがポイント!

【特別養護老人ホーム】編

	チェックポイント	解説
①	要介護1・2の特例入所を2015年度以降複数受け入れている	特例入所の受け入れ実績があるということは、入所判定委員会が形式だけで終わっていない証
②	建物は鉄筋でも、入口周りには木材を意識して多用している	見当識が衰えた認知症の人にとって、入口周りは特に威圧感を感じやすい。木材で柔らかさを
③	内庭の作りに、運動機能の維持・向上を狙った工夫がある	リハビリ職等の監修で、起伏や(意識できる)段差など「歩くだけで機能訓練になる」工夫が
④	廊下の突き当りやドアがある場所にきちんと照明を設置	白内障等が多い高齢者では、暗い場所が見えにくくなることも。照明をきちんと当てて安全を確保
⑤	居室入口の入居者の名札など、一人ひとりデザインが違う	認知症の人だと「名前」だけでは識別が難しいことも。「ここは自室」と認識しやすい工夫が必要
⑥	キッチンにペーパータオルなどが無造作に置かれていない	ティッシュやペーパータオルで、認知症の人の誤食事故も。そのあたりのリスク意識があるか
⑦	配置医が、入居者のいるフロアによく出ている光景がある	入居者の健康状態は、診療室にこもっていてもわからない。常に現場を見ていることが大切
⑧	床とテーブルで異なる材質・模様(木目調など)を使っている	白内障などがあると色調の区別が難しく、テーブルにぶつかる危険も。模様等ではっきり区別
⑨	施設内消臭や職員の口臭・体臭の軽減の対策が練られている	さまざまな不快な臭いが認知症の人の不穏状態を呼ぶことも。組織的な対応策があるかどうか
⑩	介護職以外を含む全職員が、見学者等に立ち止まって挨拶を	礼儀作法の一環であるとともに、「他者ときちんと対峙する」習慣が不審者の侵入を防ぐことも
⑪	職員の歩行時の足音が響かないような歩き方や床の材質が	認知症の人にとって「足音の響き」は、不安感・不快感に。穏やかに過ごせる環境配慮の一つ
⑫	クレームや相談対応の事務職の人の写真が掲示されている	利用者クレームが現場職員に直接行くと大きなストレスに。専門の対応者を配置して周知を

わかりやすい部分で言えば、「職員がその人にしっかり向き合って、その人の話をきちんと聞いているかどうか」となります。「なんだ、そんなことか」と思われるかも知れませんが、実はこれが「できている特養」は決して多くありません。

現場ぐるみで「その人の話を聞く」という体制があるか

人手不足でバタバタしていると、認知症の人が「同じ訴えを何度も繰り返す」といったシーンにそのつど向き合うことをしなくなる光景も見られます。

「その人の話を聞く」と言っても、若い職員の知らないような昔の話、極めて個人的な話（自分の生まれ育った環境の話など）となると、耳は傾けても話に入って行かない（行けない）というケースもあります。これでは「聞いている」ことにはなりません。

人の話というのは、それが思い出話であっても、その中に「実は自分はこうありたい」という人生のビジョンが含まれています。「そのことが何より大切」という思いを抱き続けることは、それ自体が「その人らしく生きる」ための可能性と言えるでしょう。

もし、向かい合った職員がその可能性にたどり着けなければ、それを同僚や上司に報告して共有することが必要です。そういうしくみができているかどうか。これが「その人に向き合う」という施設の姿勢を表わすポイントと言えます。

▼【地域密着型特養ホーム】——定員が29名以下という小規模ホーム

2 小規模ならではのきめ細かい対応力があるかどうか？

特養ホームのうち、定員29名以下の小規模なものを地域密着型特養と言います。

一般の特養は都道府県によって指定を受けますが、こちらは市区町村による指定となります。そのため、その市区町村に住む人だけが入居することができます。

施設名のとおり「地域との折り合い」が大切に

小規模ゆえに、比較的狭い土地でも施設を建設することができます。そのため、十分な敷地を取りにくい市街地や住宅街の近くでも運営を行なうケースが見られます。

そうなると、「地域との折り合い」が大切になります。開設に際して、地域住民を集めての説明会などを開き、理解を得ることも欠かせないステップとなるでしょう。

運営側にしてみれば「制約」と受け取る向きもありますが、逆に考えれば、地域社会としっかり結びついていくうえでの「いい機会」とも言えます。

先のような説明会で「法人がめざすケアの姿」をきちんと伝えることができれば、いざというときに地域の協力を得やすくなるからです。

地域住民との交流シーンが至る所で見られるか

たとえば、認知症の入所者が一人で外に出てしまった場合、地域住民が「あの施設の入所者かもしれない」と思えば、保護して施設に連絡するという可能性も高まります。

また、火災や自然災害が発生した際に、夜間などは施設職員だけで入居者の安全を確保することが難しいケースもあります。そうしたときに、やはり地域の人の手助けが「命にかかわる事態」を防ぐ大きなポイントになったりします。

このように、「地域との結びつき」がしっかりできているかどうかを施設選びのバロメーターとした場合、施設のどんな点に注目すればいいのでしょうか。

わかりやすいのは、その地域の住民が数多くボランティアとしてかかわっていること。また、施設に地域交流スペースや一般開放の喫茶店などが併設されていれば、そこが地域の人のサロンのような雰囲気を作り出しているかどうかもチェックしましょう。

さらには、地域の商店街をのぞいたとき、利用者と職員が一緒に出向いて買い物などをしているというシーンがあるか。その際に店員が気軽に声をかけたりしているかどうか。

こうした日常の風景から、施設と地域との結びつきを量ることもできます。

〈チェックリスト〉
施設選びはココがポイント!

【地域密着型特養ホーム】編

	チェックポイント	解説
①	エントランス空間が明るく、地域の人の展覧会等を開催	地域住民との接点を広げるうえで、エントランスの構造・照明・使い方が大きなポイントに
②	施設の最寄りに商店街やコンビニがあり、利用者も買い物に	近隣の買い物拠点も、施設と地域をつなぐ資源に。利用者が行方不明等の場合の保護も期待
③	包括でなくても、地域の人の介護相談を受ける機関が併設	法人自らが地域課題をきちんと把握するという意識があれば、地域の理解を得る大きな財産に
④	エントランス周辺に手指消毒などのスペースが複数ある	地域交流が進む中では感染症のリスクも高まる。来訪者の手指消毒等を徹底できるしくみを
⑤	入所者の中に、定期的に（自宅への）外泊を行なう人がいる	特養には家と施設の相互利用のしくみが。本人の意に叶う実績が地域生活尊重の理念の現れに
⑥	施設（法人）のHPなどで地域の実情についてふれている	その土地の課題や特質が把握できているか否かで、地域密着型事業への意気込みがわかる
⑦	自治会の会合などに、現場の管理者が必ず出席している	地域と支え合いの関係を築くことが、地域密着型では特に重要。地域の会合への出席は欠かせない
⑧	入所者の特技や職業歴を活かせる「作業スペース」がある	農家出身の人が多ければ施設内菜園、工場町なら工作ができるような設備が整っているなど
⑨	ボランティアの中に「元・利用者の家族」という人が多い	家族の中に「施設と二人三脚で歩む」という意識があることの証。地域に根づく施設の後押しに
⑩	若年性認知症（64歳以下）の人を積極的に受け入れている	幅広い年齢層の受け入れは、「地域の課題を丸ごと受け入れる」という地域密着型の理念の現れ
⑪	歯科医・歯科衛生士による施設訪問での口腔ケア指導が盛ん	丹念な口腔ケア指導は、健康状態維持のためにも重要。小規模ならではの手厚さが生きる部分
⑫	地域から寄附された家具や備品が多く、受け入れ窓口もある	エントランスに書庫がある場合、寄贈本なども目立つか。地域のつながりを示すバロメーター

3 退所に向けて、本人や家族の不安感をいかにカバーしているか

入院先からいきなり家へと戻るのが難しい場合、家での生活がしやすいように体調を整えたり、集中的なリハビリで生活機能の維持・向上を図ることを目的とした施設です。つまり、特養ホームのように「終の住処」を想定した施設ではなく、あくまで「再び家での生活」につなげていくための施設というわけです。

もちろん、本人の状態によって看取りまで行なうこともありますが、基本的には例外と考えたほうがいいでしょう。ちなみに２０１７年の介護保険法の改正により、「家に戻っての療養」を支援する施設という位置づけがそれまで以上にはっきり位置づけられました。

「退所」に向けた不安解消で施設の力量が試される

ただし、「再び家で生活する」ようにとはいっても、本人の状態や家族の状況、家の環境などを考えれば、「本当に可能なのか」と不安になる人も多いでしょう。

この不安感が解消されないまま、施設の言うがままに「退所」となれば、家族の介護負

〈チェックリスト〉
施設選びはココがポイント!

【介護老人保健施設】編

	チェックポイント	解説
①	入所前にリハビリ専門職も訪れ、本人の生活環境をチェック	退所後の生活を見すえたとき入所中にどんな訓練を行なえばいいかをリハ職の視点でチェック
②	入所前の訪問調査で、家族の体調や苦労等を気遣う姿勢あり	退所に向けた課題の一つが家族の介護力。それを支える安心感を与えてくれるかどうかがカギ
③	介護職が、現場で看護職やリハビリ職と対等に話している	老健の場合、看護・リハビリ主導の組織となりやすい。生活視点のある介護職の立ち位置は重要
④	施設内の事故データと再発防止策の情報が公開されている	入所者の入れ替わりが著しい中では、事故情報をうやむやにせず対策が練られているかが重要
⑤	母体法人の病院や協力医の診療科に眼科と皮膚科がある	リハビリやケアを進める際に、眼科・皮膚科系の疾患が事故等に結びつきやすいことがある
⑥	痰の吸引や経管栄養の管理について安全確保の説明がある	特に介護職による左記のケアが行なわれている場合、安全確保の体制について事前説明があるか
⑦	退所支援に向けて、一貫したコーディネーターがついている	専門の担当者が一人つくことにより、本人や家族が「何でも相談できる」という安心が生まれる
⑧	施設ケアマネジャーに、居宅介護の支援経験が5年以上あり	「家に戻る」際のさまざまな現実的課題について、在宅のケアマネ実績がいざというときに活きる
⑨	施設のリハビリ職の中に、訪問リハビリの従事経験者がいる	家での暮らしのイメージをきちんと描きつつ機能訓練ができることが、円滑な対処につながる
⑩	複数の栄養士がいて、栄養改善のための専門チームを形成	老健には栄養マネジメント加算があるが、とっていなくても栄養改善に力を入れることは重要
⑪	地域のグループホームや小規模多機能型についての情報提供が豊富	認知症の人の地域の受け皿についてよく知っていれば、そこに移ることを想定したケアも可能
⑫	入退所時の送迎用だけでなく、外出のための車両が複数ある	地域全体(施設外)を視野に入れた「社会参加支援」を想定しているかどうかがわかる

担はますます大きくなります。本人にとっても心休まることはありません。

この点を考えれば、いかに（本人・家族等の安心を得つつ）スムーズに「住み慣れた家への復帰」につなげていくかという点で、施設の力量が試されることになります。

施設の支援相談員が親身に相談に乗ってくれるか

制度が変わった後、介護老人保健施設（以下、老健）では、基本的に以下のような取り組みを行なうことが必要になりました（「できていない」場合は、報酬が下がります）。それが退所時指導等です。これは、「入所者が家へ戻る」ことが決まったとき、本人や家族に対して退所後の療養上の指導を行なうことです。また、退所後に施設職員が本人宅を訪問し、担当ケアマネジャーと情報交換などを行なうことなども定められています。

しかし、これだけでは、本人・家族の不安を解消するには十分とは言えません。

老健の場合、「入所前後から本人宅への訪問指導を行なう」ことも評価の対象となっています。入所の時点から、「退所した後」をにらんで「本人宅の環境や家族の介護力」などをチェックし、それを見込んで施設での療養やリハビリなどを行なうわけです。

このとき、施設側の職員が本人や家族の「不安解消」に向けて、親身に相談にのってくれるかが問われます。特に相談業務を手がける支援相談員の人間力は大きなポイントです。

▼【介護医療院・介護療養病床】——医療機関による療養に力点をおいた施設

4 医療的なケアは万全 一方で入所者の生活への目配りがあるか

２０１８年４月から新たな介護保険施設として、介護医療院というものが誕生しました。入所者の療養に力を入れ、医師・看護師の常駐による医療的ケアも手厚く受けられます。老健と異なるのは、特殊な検査なども介護保険の給付で受けられることです。

それまでも介護療養病床（正式名称は、介護療養型医療施設。以下、療養病床）という施設はありますが、こちらは２０２４年３月いっぱいで廃止されることになっています。

介護医療院はその受け皿となるとともに、入所者の状態によって２つのパターン（それまでの療養病床に相当するケア内容と、老健に相当するケア内容）に分けられています。

入所した人の「生活」に目を向ける風土があるか

いずれにしても、一定の医療的なケアを必要とする人などが入所する施設となります。たとえば、病院に入院していた人が退院となったとします。その人に必要な療養内容によっては、特養ホームの機能では受けられなかったり、老健では「退所の見込み」をたてることが難しい（あるいは、特殊な検査を行なう体制が整っていない）というケースもあります。そうした場合の施設と考えればいいでしょう。

もっとも、手厚い医療的ケアが必要とは言っても、あくまで介護保険の施設です。その点では入所した人の「生活」をきちんと見る風土があるかどうかも大切となります。

施設に配置されているケアマネジャーと話をしてみる

たとえば、誤嚥性肺炎などを起こし、胃ろうを作っている人がいるとします。

それでも、本人は「また口から食べる楽しみを取り戻したい」と考えるもの。これをかなえる道筋が開かれれば、その人らしい生活への意欲も高まる可能性があります。

そのためのケアを「経口移行ケア」と言いますが、これ自体は特養ホームや老健でも実践されています。ただし、手厚い医療的ケアや検査の体制がセットになっている施設のほうが、本人や家族としては安心感が高いと言えます。

ところが、医療的なケアが中心となってしまう中で、「本人の生活への意向」をどこまでかなえるかという点で、逆に広がりに限界が生じてしまうこともあります。

ちなみに、介護医療院・療養病床ともに入所者のケアプランを作るケアマネジャーがいます。その人と話をする中で、生活意欲をどこまで尊重しているか推し量りたいものです。

〈チェックリスト〉施設選びはココがポイント！【介護医療院・介護療養病床】編

	チェックポイント	解説
①	母体医療機関の地域医療連携室で働いていた相談員がいる	「最期は家で」という入所者の願いが生じる場合も。家での療養を視野に入れた支援が大切
②	法人のHP上の沿革で、高齢者の重度化予防にかかる実績が	重い療養が必要な人に対しても、できる限り「本人の生活行為を広げる」ビジョンがあるか
③	音楽療法や園芸療法など、認知機能を高めるセラピーを実施	医療機関でも非薬物的なセラピーを行なっている例が。多様な取り組みを試みる風土があるか
④	同じ法人の一般病棟などで勤務経験がある介護職がいる	重い疾患ケースを間近で体験した経験は、施設内での「いざというとき」の対応力につながる
⑤	施設医師が「入浴と食事」について本人の意向をよく聞く	入所者の意向と療養の方向が対立しやすいのが入浴と食事。医師がその調整に配慮しているか
⑥	看護職の半数以上が認知症対応力向上研修を受けている	重い持病があると不穏状態も悪化しやすい。持病管理できる看護職の認知症対応力がカギ
⑦	医師が中心となった身体拘束ゼロをめざす取り組みがある	施設での「身体拘束」を減らすには、医師がどれだけ高い意識を持っているかがポイントに
⑧	施設の全職種が参加するケア研究会が。介護職もプレゼン	入所者の「生活の質」を向上させていくには、全職種がフラットで話し合える場が欠かせない
⑨	入所者の家族が自主的に運営する家族会が設けられている	医療的ケアが主となると家族も「施設にお任せ」となりやすい。生活ケアのチェック機能が大切
⑩	外部の介護相談員を施設として積極的に受け入れている	開かれた施設風土が入所者の生活の質には不可欠。第三者的視点を受け入れる度量があるか
⑪	医師の指導のもと入所者の「減薬」取り組みを組織的に実施	転倒事故防止や認知症の症状改善に向け、医療系施設での減薬の取り組みがますます問われる時代
⑫	類型Ⅰの介護医療院でも、転換前からユニットケアを実施	重度の療養が必要な入所者に対しても、ユニットケアの効果を評価している法人は意識が高い

5 利用者一人ひとりに合わせたケア計画が定められているか

有料老人ホーム（以下、有料ホーム）とは、高齢者を（1人でも）入居させたうえで、以下のいずれかのサービスが（1つでも）提供されている「住まい」を言います。具体的には、①入浴、排せつ、食事の介護、②食事の提供、③洗濯、掃除等の家事、④健康管理となります。有料老人ホームというと、「高額な利用権が生じる住まい」というイメージがありますが、実際の定義はもっと幅広いことがわかります。

その有料ホームのうち、「介護保険で提供される介護サービス」がセットになっているものを介護付き有料老人ホームと言います。介護保険法上は、特定施設入居者生活介護と言います。舌をかみそうな名前ですね。ちなみに入居定員が29人以下の小規模なものは、特養ホームの場合と同じように「地域密着型サービス」となります。

家と同じようにケアプランが作られてはいるが……

この介護付き有料ホームは、介護保険上の指定を受けるので、サービスの提供に際して

チェックリスト どんな住み替え先を選びたいか?【介護付き有料老人ホーム】編

	チェックポイント	解説
①	認知症日常生活自立度Ⅲ以上でも「入居を断る」例がない	入所時から認知症の症状緩和に向けたノウハウがないと症状が進んだとき退去や無用な拘束も
②	介護部分を外部委託している場合、その事業者の詳細説明が	いわゆる外部サービス利用型というホームも。外部へ委託契約がどうなっているかもチェック
③	調理を外部委託している場合、事業者について詳細な説明が	たとえば、入居者の持病や嚥下能力に応じた調理をどのようにオーダーしているかなどが重要
④	職員のメンタルケアについて具体的な取り組みの説明がある	介護付き有料の職員による虐待などが社会問題となる中、法人として高い問題意識があるか
⑤	協力病院との具体的な「協力関係」についての事前説明あり	ただ「名前を借りている」というケースもある。医師の訪問による定期健診などがあるかどうか
⑥	外部から定期的に人を呼んでのイベント等が催されている	たとえば、合唱、演奏、本の読み語りなど。こうした外の目を入れることがチェック機能にもなる
⑦	どんな場合に退去要件となるかについて具体的な説明あり	規定事項を記した書類などで、「退去要件」の解釈が広すぎたり、あいまいという場合は注意が必要
⑧	状態が重くなった際の居室移動に関し権利関係等の説明が	療養室的な部屋へ移動したまま、元の居室の入居権などが消失したりしないかを確認したい
⑨	ホーム内で看取りが行なわれる場合の規定事項もはっきりと	たとえば、本人の望む看取りについて「人生会議(※)」などの開催があるか。病院搬送の基準は?
⑩	法人本部で現場運営について行なわれる取り組みも情報公開	事故防止や人材不足対策など現場のさまざまな課題に本部が当事者意識で向き合っているか
⑪	入居予定の居室の夜間空調音など睡眠を妨げるものがない	介護の必要な人にとって良質な睡眠は重度化防止の要。夜間の騒音については厳しく点検を
⑫	ホームに薬剤師がいて入居者ごとの服薬管理が計画的に	適切な服薬管理が入居者の健康管理には極めて重要。非常勤でも薬剤師がいることが安心に

※人生会議……人生の最期まで本人らしく暮らすために治療・ケアの方針を本人・家族と多職種で事前に話し合う会議

「法令上の基準」を守らなければなりません。

その一つに、ホーム内にケアマネジャーを配置して、そのホームで提供するサービスのプランを作成するというルールがあります。その点では、自分の家で介護保険サービスを使う場合と「基本的には同じ」ということになります。

ただし、（ほとんどの場合は）同じ建物の中に、介護の必要な入居者が他にもいます。そのため、サービスを提供する側が、「集団に対するケア」という意識になることがあります。

そうなると、いくら「個人のためのプラン」だとしても、その人の「こういう暮らしを望みたい」という思いが掘り下げられず、内容が紋切り型になってしまいがちです。

ケアマネジャーの「姿勢＋組織内の立場」に注目

こうした課題については、ホームのケアマネジャーがどんなに真面目な人でも、組織の中に「集団的なケア」の考え方がしみついていれば、なかなか改善は望めません。

そこで着目したいのは、ホームのスタッフ側に各部署の管理者で構成する「運営管理委員会」のような組織があるかどうか。そして、該当する委員会でケアマネジャーが、もっとも「偉い立場」にいるかどうかです。①ケアマネジャーの姿勢を見極めたうえで、②そのケアマネジャーの発言力・権限がどこまで強いのかをポイントにしたいものです。

▼【住宅型有料老人ホーム】――一般の家と同じく外部のサービスを設ける利用

6 ホーム側のスタッフ・組織と介護サービス側との関係に注意

有料老人ホームのうち、介護保険上は「一般の家」と同じ扱いになるものがあります。言い換えれば、介護保険のサービスは「セット」されておらず、介護保険を使いたい場合は、外部のケアマネジャーやサービス提供事業者と契約することになります。

有料ホームの種類としては、「住宅型有料ホーム」（以下、住宅型）と言います。

一部の住宅型で横行している「囲い込み」に注意

こうした「住宅型」で、一般の家のように介護保険を使う場合、特に注意したいことがあります。それが、一部の悪質ホームで横行している「囲い込み」です。

たとえば、介護が必要になったとして、入居者としては「身近で世話をしてくれているホーム側にまず相談してみよう」と考えることが多いでしょう。

すると、「うちの法人で介護保険サービスも運営している。ケアプランを作成する事業所（居宅介護支援事業所）もあるので、プランを作ってサービスも提供しましょう」などと持ちかけるわけです。ホームの法人としては、一種のサイドビジネスになるわけです。

もちろん、利用者には「ケアマネジャーやサービス事業者を選ぶ権利」があるので従う必要はありません。ところが、「ここに入居させてもらっている」という負い目があると、つい「お願いします」と勧誘に乗ってしまいがちです。

さらに悪質なホームになると、まだ介護保険を使う気はないのに「介護保険の申請をしたほうがいい」と半ば押し売りに近い申し出をするケースもあります。

いずれも「行政指導」の対象となるので、こうしたケースがあった場合には、有料老人ホームを管轄する都道府県の高齢福祉課などに相談しましょう。

外部の介護スタッフとの協力関係ができているか

「囲い込み」が行なわれない場合も注意が必要です。まったく逆のパターンですが、ホーム側が「どうぞご勝手に外部サービスをお使いください」という態度になることです。

ホーム側も介護保険以外の何らかのサービスを提供し、そのスタッフが常駐しています。つまり、ホームでのサービスも本人の生活の一部になっているわけで、外部のケアマネジャーなどともしっかり情報交換してくれることが安心につながるわけです。その部分での協力に消極的となれば、「安心の住まい」とはだいぶかけ離れたことになるでしょう。

■ チェックリスト
どんな住み替え先を選びたいか？【住宅型有料老人ホーム】編

	チェックポイント	解説
①	ホーム職員の手がける業務範囲をはっきり示してくれる	たとえば、定期的な安否確認や外部の介護事業者との情報共有など「やるべきこと」が明らかか
②	食事の時間や「居室で食べたい」などの要望を聞いてくれる	食事は入居者には大切な生活習慣の一つ。その意向にどこまで対応してくれるかが評価のカギ
③	フロントや受付職員に対する介護や認知症対応の研修あり	センター窓口は、入居者にとって生活相談の貴重な相手。そのスタッフの質は強く問われる
④	「介護保険を使いたい場合」について相談に応じてくれる	自社サービスの押し付けなどではなく、中立的な立場で入居者の相談にのる体制が問われる
⑤	サービス担当者会議への参加依頼等にも快く応えてくれる	ホーム職員も本人に接する「担当者」と考えればチームケアの一員として機能してもらいたい
⑥	費用内のサービス料金の内訳についてていねいな説明あり	その費用負担に対して、具体的なサービス内容の説明があるかどうかは重要なポイントの一つ
⑦	本人の栄養状態が悪化した場合の食事対応の指針がある	健診等で特に栄養状態の悪化が見られる場合、食事内容の変更等がきくのかどうか確認したい
⑧	地域活動参加等の要望についてコンシェルジュ的対応あり	地域で参加できる場などについて情報を豊富に持ってアドバイスしてくれる体制があるか否か
⑨	ホーム内の自主的なサークル活動などについて支援がある	入居者同士が趣味活動立ち上げで参加者を募りたいという場合、掲示板などを貸してくれるか
⑩	介護サービス利用者の半数以上が別法人のサービスを利用	介護サービスについて別法人を気兼ねなく使うことができる風土があるかという点をチェック
⑪	外部の介護・医療を利用する場合の守秘義務規約が明確に	入居者の介護・健康にかかる情報を共有してもらいたい一方で、秘密保持が守られるかどうか
⑫	夜間のオペレーターや警備体制等のしくみがわかりやすい	外部委託などをしている場合、非常事態などでどう動いてくれるのかが明確になっているか

▼【医療外付け型介護付き有料】——基準緩和で医療機関がホーム運営に

7 あくまで「住まい」。退院困難な人の単なる受け皿になっていないか

介護付き有料ホームには、医療機関の療養病床（急性期からやや落ち着いた状態になった患者を入院させる病床。介護保険だけでなく医療保険によって運営されるものもある）を活用して、本体の医療機関に併設させたスタイルがあります。

１３３ページで述べたように、介護療養病床は２０２４年3月末で廃止される予定ですが、その「転換先」として位置づけられたわけです。この転換がスムーズに進むように、このスタイルに限って、併設した医療機関との間で、浴室、トイレ、食堂などの設備の兼用や生活相談員、機能訓練指導員などのスタッフの兼務が認められています。

病院と同じ？　でも、そこは生活の場となるホーム

病院等の医療機関に併設し、それまで（病院の一機能だった）療養病床を活用するわけですから、「それでは病院と同じでは？」と考えるのは無理もないことです。

確かに、重い持病などがあって具合が悪くなったときなど、隣接する医療機関には医師

チェックリスト 施設選びはココがポイント! 【医療外付け型介護付き有料】編

	チェックポイント	解説
①	母体病院の経営状況が、近年においても比較的安定している	近年の報酬改定で経営悪化が噂される病院は、ホーム運営が収益改善の受け皿になってしまうことも
②	母体病院の病床以外から入所者を3割以上受け入れている	自病院の患者の受け皿だけでなく、地域に開かれていることが入所者の生活重視につながる
③	離床ケアや経口復帰等のケア方針を組織として掲げている	「人生の最期までその人らしく」に向けて、法人として具体的な取り組みにのぞんでいるか
④	人生会議(ACP)の開催を積極的に行なうことを規定事項に	終末期の治療やケアについて本人の意向を尊重する「人生会議」の開催にいち早く取り組んでいるか
⑤	ホーム職員全員が地域の医療介護共同研修等に1度は参加	地域のさまざまな職種との交流機会が、入居者の「生活支援」に向けた視野を広げてくれる
⑥	併設医療機関から「往診」だけでなく「巡回」で医師が訪れる	介護付き有料には医師の配置は義務づけられていないが、病院併設ならではの状況観察が望まれる
⑦	リハビリ専門職がいて、身体の動かし方などをアドバイス	医療的管理が中心となりがちな中、リハ専門職の視点から生活機能の維持・向上が図れるか
⑧	サービス計画作成者が、3日に1度は全入居者と話をする	状態が不安定な人が多い分、計画の進ちょくを頻繁にチェックしながら適宜の計画見直しを
⑨	療養病床からの転換について「どんな点を変えたか」が明確	「生活の場」として何を大事にしているかというビジョンがしっかりしているかがポイント
⑩	病棟看護師のOB・OGをボランティアとして積極的に採用	地域に開かれたホームとしてボランティアの受け入れは重要だが、看護経験者がいると安心感も
⑪	家族や知人が来訪したとき、一緒にお茶が飲めるサロンがある	居室で面会もいいが、少しでも地域との接点が感じられる場所での交流が本人の気晴らしに
⑫	地域の図書館やコミセンへの送迎・付き添いサービスあり	重い状態でも「地域に出ていく」ことをサポートするしくみがあることが、生活の場としての証

や看護師がいるわけですから、強い安心感を得られるのは間違いありません。

しかし、有料老人ホームというのは、あくまで「住まい」です。療養や健康管理も大切ではありますが、その人が「どのような暮らし」を望んでいるのかをきちんと把握し、「それをかなえることができてこその療養」というビジョンが求められます。

母体法人が早くから訪問診療を手がけているかどうか

問題は、わが国の病院医療のしくみが、「患者が急性期をぬけたら、できるだけ早く家に戻す」という流れになっていることです。このミッションに突き進まないと、病院側に入る診療報酬がどんどん削られてしまうことになります。

そのため、医療外付け型の有料ホームが、退院が難しい患者に「とりあえずそこで療養を続けてもらう」ための位置づけになってしまいがちです。

そうした中で、どこまで「その人らしい暮らし」を尊重してくれるのか。そのビジョンがホームにあるかどうかは、母体である医療法人の考え方によります。

たとえば、その法人が早くから訪問診療などを手がけているか。家を定期訪問しての診療は、「患者の生活」に密着することであり、それを早くから行なっていれば、生活を尊重する風土にも歴史があることになります。この点をポイントにしてみるといいでしょう。

▼【認知症グループホーム】——認知症の人が少人数で共同生活を営む

8 認知症の人が主人公となり「生活」を自主的に築ける環境か

認知症の人が入居し、それぞれの個室と共用のリビング・食堂（ユニット）が1セットになった環境で共同生活をおくるという居住系サービスです。1ユニットあたりの入居者は5人以上9人以下で、1つの建物につき最大で2ユニットまでとなっています。

もちろん、サポート役となる職員が常駐し、入居者に必要な生活上の介護も手がけます。介護保険法上の正式名称は「認知症対応型共同生活介護」と言います。

なお、介護保険からの給付はサービス部分だけで、居住費（家賃）や食費は全額入居者の負担となります。ただし、自治体によっては居住費の一部を支給するケースもあります。

認知症の人が自分なりに「役割」を果たしているか

人は、認知症になっても長期記憶（アルツハイマー型認知症などで、比較的後まで残っている昔からの記憶）にもとづいて、「その場の自分の役割」を果たそうとします。

誰かが困っていれば手助けをし、掃除や調理を行なうという具合です。共同生活の中ではこうした光景が生まれやすく、本人が「自主的に役割を果たす」という行動を通じて、心理状態を落ち着かせたり、生活機能の低下を防ぐという効果が期待されます。

となれば、この効果が目覚ましい事業所ほど「いいグループホーム」と言えます。

五感に訴える環境づくりと服薬管理をポイントに

ただし、認知症の人は**見当識（場所や時間、方法に対する認識）**が衰えているわけですから、ときとして「自分が果たすべき役割」がうまくいかないことも起こります。

そこで、常駐する職員が（本人の意向や自主性を妨げることなく）上手にサポートできるかどうかが問われます。認知症の人が不安に陥らないようにするため、環境づくりや本人の体調の管理にも気を配れるかどうかも問われることになります。

環境面で言えば、本人の五感に訴える工夫に知恵を絞れているか。具体的には、音や匂いのほか、視覚・触覚に訴える工夫です。それらが、きちんと認知症ケアの根拠にもとづいて行なわれているかどうか。このあたりを、事業者からきちんと聞くことが必要です。

体調面で言えば、大切なポイントの一つが服薬管理です。持病に対して処方された薬をきちんと服用できるようにサポートできているか。この部分に乱れがあると、認知症の症状も悪化しやすくなります。このあたりも入念にチェックしておきましょう。

チェックリスト 施設選びはココがポイント! 【認知症グループホーム】編

	チェックポイント	解説
①	新規入居者に安心を与えるための道筋が明確に説明できる	環境が変わる中では誰もが不穏になる。できるだけ早くなじんでもらう方策が整っているか
②	入居前に自宅を訪問し、その人の生活状況を実地で把握	家で「してきた生活」をいかに入居後の生活に反映できるかという点で、事前の実地調査は重要
③	スタッフ側から「ありがとう」という言葉がよく出ている	入居者が「そこでの役割」を実感できるのは、他者から感謝をされたとき。その教育の徹底の現れ
④	夜勤のスタッフが1ユニット原則2名以上配置されている	人材不足で現実は難しいが、せめて入居者の動きが慌ただしくなる早朝の1人体制を防いでいるか
⑤	体調不良等の人を除き、1日1回は買い物等の外出を行なう	「外に出る」ことは有酸素運動によるストレス解消になり不穏状態を和らげることにつながる
⑥	地域の認知症専門医による定期的なアドバイス訪問がある	認知症専門医がほとんど手弁当で来てくれるということは、法人側にそれだけ熱意があるという証拠
⑦	ホームの運営推進会議に町内会や商工会の役員が参加	たとえば入居者が行方不明になったとき、近隣住民・商店員との普段の協力関係が重要に
⑧	夜間でもすぐに駆け付けてくれる訪問看護事業所と提携	認知症の場合、夜間に不穏になるケースも多く転倒事故なども。地域の訪問看護の協力が重要
⑨	入居者同士で「協力し合う」という生活事例が豊富にある	入居者同士が良好な協力関係を築くには、職員による下支えも必要。良質な認知症ケアの証
⑩	入居後に「家族の来訪」が少しずつ増えてくる傾向がある	いいケアで本人が落ち着いた姿を見せると、家では介護が大変だった家族との間の絆が復活する
⑪	法人が地域の認知症サポーター養成講座の講師を積極派遣	周辺地域に認知症サポーターを増やすということは、巡り巡ってホームの支え手を増やすことに
⑫	成年後見制度などを活用したい場合の相談にのってくれる	入居者の権利擁護に熱心なのは、後見人という第三者の目を入れることに前向きなことの現れ

コラム3●サービス選び＋α

外国人介護士が増えゆく時代の心配事は？

わが国は、急速な少子化によって将来的な労働力の不足が懸念されています。特に介護分野では人材不足が深刻で、有効求人倍率も全産業平均の２倍以上となっています。

そうした中、国は外国からの人材受け入れに向けて、さまざまなしくみを打ち出しています。2018年に（さまざまな議論がありながらも）成立した改正入管法などもその一つです。

彼らを孤立・不安にさせないしくみはあるか

介護分野で言えば、08年からEPA（経済連携協定）によりインドネシア、フィリピン、ベトナムから介護人材の受け入れが進んでいます。17年には、留学生が国家資格である介護福祉士を取得することで、新たな在留資格が得られることになりました。

また、従事者不足の解消が目的ではないものの、やはり17年には技能実習生の受け入れに「介護」特有の要件が加わりました。これらのしくみに、18年成立（施行は19年４月から）の改正入管法による新たな在留資格も加わりました。

このように、さまざまなルートで外国人材が介護現場に入る時代が訪れたわけです。ただし、利用者としては、コミュニケーションや文化の違いなどから不安が生じるかもしれません。

考えたいのは、外国人である彼らも異国の現場で少なからぬ不安を感じていることです。これを事業者・施設として、きちんと解消できないと現場の業務にも影響がおよびかねません。

そこで、外国人材を受け入れている法人に対し、彼らが孤立・不安を感じないようなサポートをどのように整えているかを尋ねてみましょう。日本人職員や利用者家族との交流イベントや、継続的な語学研修などがあるかどうかがポイントです。

第4章

介護保険の給付外で注目したいサービス

4章ではココをチェックしよう！

多様な困りごとの解決に頼れる資源とは？

介護保険による給付以外にも、注目したいサービスがいろいろあります。

まず着目したいのは、市町村が運営する介護予防・生活支援サービスでしょう。これは「要介護になるリスクが高い人」向けのサービスで、要支援1・2の人が使っていた予防訪問・通所介護も2018年4月からこちらのサービスに移っています。

また、介護保険の給付サービスを使っている人でも、「それだけでは日常の困りごとのすべては解決できない」と考えることがあります。そうしたとき、頼りになるのが介護保険外サービスです。介護保険でまかなえない外出の介助（移送含む）、食事の配達（配食）サービス、認知症の人が集える場（認知症カフェ）といったものもあります。

介護保険外でも、いざというときの技量が重要

これらのサービスは、介護保険の給付外ですが、利用者する側として「できるだけ自分らしく生き生きと暮らしたい」という動機がベースになることに変わりはありません。となれば、こちらの意向をきちんと汲んだうえで、「本人の生活の質を上げるにはどうすればいいか」という点で、さまざまな気遣いができるかどうかが問われます。

介護保険の給付外で使うサービスのポイント

利用者としては、「そのサービスを使えば
もっと自分らしく暮らせる」という期待がある

閉じこもり気味の中で、社交性をとり戻したいという期待

生活環境を整えて気持ちいい暮らしを実現したいという期待

認知症があっても家族とともに穏やかに暮らしたいという期待

かなえるには、何が必要なのか…

- たとえば、趣味的な外出をサポートしてくれるサービスがあるとする
- 気兼ねなく外出できるよう、サポートスタッフが本人とのいい関係を
- 外出してみてどうだったかをヒアリングしつつ、次回の改善に活かす

- 介護保険でまかなえない庭木の手入れなどをしてくれるサービス
- 単なる手入れだけでなく、本人が気持ちよく庭に出られるような工夫も
- 庭木の話などをしながら、もっとこうしたいという前向きさを引き出す

- 認知症の人を訪問し話し相手になったり認知症カフェに誘うサービス
- 本人の生活歴を理解しながら、穏やかな時間を作るための環境整備を
- 主治医、看護師とも連携して服薬や体調の管理にも配慮する

利用者の隠れた生活意向に気づく感性、
生活の質を向上できる創造力が必要に

▼【総合事業の訪問型サービス】——利用者宅へ訪問しての支援

1 本人の状態や環境の変化を「つなぐ」力量があるか

市区町村が運営する介護予防・生活支援サービスには、訪問型、通所型、その他の生活支援サービスがあります。このうち、利用者宅を訪問して行なうのが「訪問型」です。サービスの提供者となるのは、①もともと予防訪問介護を手がけていた事業所（従前相当と言います）、②人員基準などを緩和してサービスを行なう事業所（A）、③ボランティアが中心となって行なう住民主体の支援（B）、④保健・医療の専門職による短期集中の予防サービス（C）があります（ここまでの区分けは、155ページの「通所型」も同様です）。

加えて、訪問型では、「移動支援」を手がける「D」があります。これは、訪問介護の通院等乗降介助の総合事業版と考えればいいでしょう。

ボランティアによる家事支援中心のパターンもあるが……

認知症があったり、退院直後などで状態が変化しやすい場合は、「従前相当」による予防の訪問介護とほぼ同じサービス提供となります。同様のケースで、訪問リハビリに近い

チェックリスト
サービスの選び方はココがポイント!

【総合事業の訪問型】編

	チェックポイント	解説
●従前相当(旧・予防訪問介護から移行した事業所)		
①	「予防こそが大切」という理念をHP等できちんと語っている	総合事業への移行で収益が厳しくなっていても、サービスの質は落とさない気概があるか
②	初回訪問のサ責同行など訪問介護と同じ手順をきっちりと	担当ヘルパーが円滑にサービスへと入れるよう、事業所としての体制が利用者の大きな安心に
③	利用者の買い物同行など「地域に出る」支援に力を入れている	D型の移動支援機関と連携しながら、利用者の地域生活ニーズに対応している実績にも注目
④	ヘルパーの靴の脱ぎ方、挨拶の仕方などのマナーの質が高い	「総合事業だから」とヘルパー育成の質を下げた場合、まず基本的なマナーにそれが現れる
●A(基準緩和型)サービスとB(住民主体型)サービス		
①	ヘルパーの守秘義務についての誓約書が定められている	地域が狭いと、ときに「見知った人」がヘルパーで来ることも。プライバシー保護は気になるところ
②	こちらの訴えや不安等を事業所に確実に伝えるルールあり	利用者の意向などが事業所に伝わっていないと、ストレスがどうしても高まりやすくなる
③	食器戸棚一つ開ける場合でも逐一こちらの許可を得る姿勢	利用者の「生活の流儀」を尊重していれば、許可を得るのは当然。訪問型の基本マナーと言える
●C(保健・医療の専門職支援型)サービス		
①	訪問の保険師等が認知症ケア現場に勤務していた経験あり	自立判定の人でも認知機能の低下が進行中という人も初期段階での気づきが大きなポイントに
②	サービス終了にどうすればよいかについて事前の説明あり	利用者として終了後に「どこへどうつなげてくれるか」は不安材料。そのあたりの説明が大切
③	通所型と併用している場合、そちらの状況把握もしっかりと	「通いの場」での過ごし方へのアドバイスが、家での生活機能を広げるうえで重要になる

タイプのサービスとなるのが「C」であると考えれば理解しやすいと思います。

これに対し、「A・B」は身の回りの家事などをお手伝いするといった「生活援助」に近いタイプのサービスが中心となります。ボランティアなどが、買い物や掃除、調理などをちょっと手伝うというイメージでとらえればいいでしょう。

訪問時の「利用者チェック」のルールは定まっているか

とはいえ、対象となるのは「介護が必要になるリスクが高い人」であることに変わりはありません。たとえば、「訪問時に具合が悪そうだ」となったとき、それに気づいた担当者が事業所と通じて主治医などに連絡すれば、状態が重くなるのを防ぐことができます。

そのあたりについては、現場のスタッフと事業所の管理者との間の連絡体制がどうなっているかがポイントです。連絡体制がしっかりしていれば、管理者によるスタッフ指導の質も高いことになり、スタッフの気づく力などにも信用がおけるでしょう。

そこで、事業者選びの際には、「訪問中の状況を事業所にどのように報告しているか、そのルールやマニュアルはしっかりしているか」をチェックしましょう。

たとえば、「訪問時に利用者のどんな部分（訪問先の環境なども含む）をチェックするか」について、記録の様式などにもチェック項目が反映されているかを確認したいものです。

2 利用者が「また来たい」と思えるような魅力があるか

介護予防・生活支援サービスのうち、通所介護のように「事業所に通う」スタイルのサービスを通所型サービスと言います。種類としては、訪問型と同じくくりで「従前相当」「A」「B」「C」があります（「D」は訪問型だけです）。

従前相当やAは原則として送迎もありますが、Bについてはそれぞれの自治体や事業所によって変わってくる（自分で通所する）ケースもあるので、事前に確認してください。

本人の「通い続ける」意欲が削がれたりしないか

総合事業でも、自立支援や重度化の防止というテーマは同じです。

ただし、（従前相当を除いて）利用者一人ひとりの状態に合わせた個別の機能訓練などは行なっていないケースもあります。利用料は安くても「どうせ通うなら、しっかり介護予防につなげたい」という人にとっては、やや不安が残るかもしれません。

とはいえ、家から通って何かをするというだけでも、生活習慣に刺激をもたらし、それ自体が介護予防につながることは間違いありません。

問題なのは、その「通い」を続けられるかどうかです。「行っても楽しくない」と思えば、通い続ける意欲はたちまち削がれ、介護予防にはつながりにくくなります。

スタッフ側に「教えを乞う」姿勢があることが大切

この点を考えたとき、本人にとって「そこへ行く」ことの動機づけがうまく図られているかどうか。これがサービス選びのポイントになってきます。

たとえば、本人の趣味や趣向についてスタッフが事前にきちんと話を聞き、それを反映させた「過ごし方」につなげる工夫があれば、通い続ける意欲が生まれやすくなります。

もちろん、趣味活動によっては準備やスタッフが間に合わないケースがあるかもしれません。それでも、スタッフがその趣味・趣向について前向きに勉強すれば、本人にとっては「あそこに通うと話の通じる人がいて楽しい」という動機につながってきます。

つまり、大切なのはスタッフが専門職であれボランティアであれ、好奇心旺盛で「自分の知らないことでも学んだり、教えを乞う」という意識があるかどうかです。

特に「利用者に教えを乞う」という風土は、事業所トップの考え方に左右されます。たとえば、利用者とスタッフがともに成長するといった理念があるか確認してみましょう。

チェックリスト
サービスの選び方はココがポイント!

【総合事業の通所型】編

	チェックポイント	解説
●従前相当（旧・予防通所介護から移行した事業所）		
①	相談員などが、事前に利用者の自宅などを訪問してくれる	要介護者の通所介護と同様、家での「している生活」把握が機能訓練の効果を上げるうえで必須
②	要支援の人であっても認知症がある可能性を想定している	要支援判定者でも認知症の場合がある。周囲との折り合いがつかない状況に配慮しているか
③	利用者の衣服や持ち物の「こだわり」を尊重する意識がある	通所に来る際の衣服・持ち物は「こだわり」の象徴。それをほめることで通いの意欲が高まる
④	通いを休んだときにお伺いの電話や手紙を寄せてくれる	ほどよく「気にかけていますよ」というメッセージが「明日は出かけよう」という気分を後押し
●A（基準緩和型）サービスとB（住民主体型）サービス		
①	スタッフの中に定期的に利用者宅を訪ねて回る習慣がある	利用によって家での生活がアクティブになっているかどうかを確認する習慣がサービス改善に
②	看護師経験のあるボランティアがいて健康状態をチェック	特に気候変化が激しい時期だと、自立の人でも体調が悪くなることが。経験者の見立てが大切
③	体操プログラムなどは「家でもできるもの」を提案してくれる	「通い」の場以外でも続けることができるコンテンツが、介護予防の効果を上げるカギとなる
●C（保健・医療の専門職支援型）サービス		
①	運動機能だけでなく、家での栄養改善等のアドバイスがある	家での食事改善についてのアドバイスが健康維持にはとても重要。栄養士などもいるとベター
②	C型からの移行を想定して、A・B型のスタッフが顔を見せる	C型でどんなことを行なっているかを他の地域資源に周知することも、このサービスでは重要
③	軽度の認知障害がある人についてのプログラムの用意も	認知症への進行を抑えることもC型利用の意義。どんな工夫があるのかも事前に尋ねたい

▼【配食サービス】――定期的に食事を届けるサービス

3 利用者の「食」習慣をどこまで理解しているか

宅配の食事（お弁当など）を、定期で家に届けてくれるサービスです。

多くは介護保険外のサービスですが、総合事業の介護予防・生活支援サービスの一つとして行なったり、自治体によっては利用料の助成を行なっているケースもあります。

一人暮らしなどで栄養管理が難しい高齢者が増える中、総合事業の後押しもあって、利用者は急増しています。そのため、サービスの質の確保をめざし、（介護保険外であるにもかかわらず）国は事業のガイドラインを示すなどの動きが見られます。

サービスがスタートする前の「準備」が大切

ここでいう「サービスの質の確保」とは、衛生管理はもちろんのこと、高齢者の栄養改善ニーズにきちんと応えられるしくみになっているのかどうかがポイントです。

高齢者の多くに持病がある中で、糖尿病や腎臓病などの人にも対応できるメニューが、専門職（管理栄養士など）によってきちんと管理されているかどうかも問われます。

チェックリスト
サービスの選び方はココがポイント!

【配食サービス】編

	チェックポイント	解説
①	献立決定では事前に利用者の持病等の情報収集と面談実施	特にアレルギーや持病等がなくても、利用者の栄養状態などについて面談による調査が望まれる
②	本人選択用のメニューもチャートなどで選択のサポートが	仮に面談等を通じて献立決定する場合でも「自分で選択」を後押しするしくみがあってこそ
③	配達の時間帯や不在の場合の対応について事前打ち合わせ	人によって食事のサイクルは変わってくる。どこまで対応してくれるのかを確認しておきたい
④	初回の配達後に問題・要望はないかというヒアリングあり	利用者の中には自分から「訴え」は出しにくい人も。事業者側から「伺い」等の電話が必要に
⑤	献立変更等の要望について申し出方法などの事前説明あり	献立を変えたい・配達回数を減らしたいという要望がある場合の訴えのハードルが低いか否か
⑥	配達員も要介護者対応等について一定の研修を受けている	同居家族がいない状況での配達で認知症対応や異常察知などの技能があることが大きな安心に
⑦	ケアマネジャーとの連携方法などについて事業所規定あり	介護保険外でも栄養改善にかかるサービスとなれば、ケアマネジャーとのやり取りが重要になる
⑧	特定の持病がある人向けの献立でもバリエーションが豊富	腎臓病や糖尿病がある人用の献立でも「飽きのこない」種類があるか。季節感も活かしているか
⑨	衛生管理について以前からハサップの認証を受けている	2018年6月から原則として全食品等事業者がハサップの管理手法に沿うことが義務づけられた
⑩	不測の事態に備えて他の配食業者による代行保証がある	仮に食中毒等で営業停止となれば利用者の利便性が大きく損なわれる。代行保証があれば安心
⑪	かかりつけ医との連携はもちろん歯科医との情報交換も	献立作りに際し食事の形態等に関して、やはり歯科医との間のしっかりとした連携も望まれる
⑫	配達時の食事の温度管理が毎回適切。管理方法の説明もあり	食事の温度は食欲に大きくかかわってくる。配達時の保温方法などについても説明を受けたい

※総合事業で提供される「配食サービス」も同様です

たとえば、一人ひとりの健康状態や噛んだり・飲み込んだりという機能、そして好みについて、事前にどこまで調べたうえでメニューに反映してくれるのか。

つまり、サービスがスタートする前の「準備段階」が問われることになるわけです。

配達員の力量で、食事の質も大きく変わる

その際に、意外と見落とされがちなのが、その人の食事の環境や習慣についてです。

利用者の中には、かなりの少食で「1回の配食を何度かに分けて食べる」などという人もいます。そうなると、必要なカロリー計算をしていても、十分な栄養管理には至らないことになってしまいます。また、「食べ残した分を後で食べる」となれば、季節によっては食中毒などのリスクも高まることになるでしょう。

こうした状況に対しては、事前の面談調査もさることながら、毎回の配達時に配達員が本人ときちんと話す習慣が必要です。そして、「前回の食事はどうだったか」「何か不都合はないか」という点を聞いたうえで、それを事業所に情報として伝えて改善を図るわけです。

一人暮らしなどの場合、配達員と話すことは安否確認にもなります。また、玄関先でちょっと話すだけでも、口の回りの筋肉をリラックスさせて食が進んだり、誤嚥などのリスクを減らすことにもつながります。その点では、配達員の質にも着目したいものです。

▼【認知症カフェ・認とも】——認知症の人と家族のための取り組み

4 本人と家族の「安心」に向け道筋をきちんと立てているか

全国の市区町村では、介護保険の財源を使って（保険給付以外で）さまざまな事業を行なっています。その一つに、認知症総合支援事業（以下、総合支援事業）があります。

どういうものかと言えば、認知症の人やその家族の早期からの相談にのり、医療や介護へと「つなげていく」というしくみ（認知症初期集中支援事業）などが、挙げられます。

そうした総合支援事業の中には、地域に「認知症カフェ」という場を設けたり、**「認とも」**というスタッフによる訪問を行なうというしくみがあります。

認知症カフェには、さまざまなパターンがある

前者の「認知症カフェ」とは、町中のさまざまなスペース（公民館や各種集会所、休日に空いたデイサービス事業所など）を使い、月に数回といった間隔で認知症の人とその家族などが気軽に立ち寄れるカフェを開くというものです。利用料は無料か、実費程度です。

先の地域支援事業として行政が費用の一部を負担し、地域のＮＰＯ法人やボランティア団体などが運営します。医療法人や社会福祉法人が運営し、認知症の専門医や認知症の専門研修を受けた介護職などが参加して、認知症の本人や家族の相談にのることもあります。

いずれにしても、いろいろなパターンがあります。行政の広報などをチェックして、自宅から近い所や運営内容に興味のある所を選んで参加してみるといいでしょう。

本人・家族の話に徹底して耳を傾けることが基本

大切なのは、認知症の人やその家族の「つらさ」や「悩み」などにきちんと耳を傾け（とにかく「話を聞く」姿勢が徹底されていることが前提）、必要に応じて専門機関などにつなげたり、参加する専門職がアドバイスを行なうといった道筋が整っていることです。

なお、認知症カフェでなじみとなったスタッフが、今度は本人・家族の家を訪ね、本人の話し相手になるというしくみもあります。これを「認とも」と言い、本人の気晴らしや家族のちょっとした休息を通じて、穏やかな暮らしをサポートすることにつながります。

この場合でも、どうやって**「認知症カフェ」**から**「認とも」**につなげていくかという道筋をきちんと立てていることが大切です。認知症の人の中には、「知らない人」（認知症カフェでなじみになっても覚えていないことがある）が訪ねてくることで不穏になるケースもあります。そのあたりの配慮がきちんとできるスタッフの育成がカギとなります。

【認知症カフェ・認とも】編

	チェックポイント	解説
●認知症カフェ		
①	本人の地域での長年の動線上にカフェが設けられている	たとえば一人で外出して行方不明になった際、なじみの動線上にカフェがあれば保護も早い
②	家族が本人と少し離れて悩みなどを打ち明けるしくみあり	いつも一緒にいるだけでなく、家族が介護の悩みを気兼ねなく打ち明けられる状況も大切に
③	認知症専門医や薬剤師などの医療系専門職も立ち寄る	医療視点からの認知症相談や服薬管理にかかる相談ができる人がいると介護の大きな手助けに
④	地域にお寺や教会のスペースを活用したカフェがある	本人にお参りや礼拝等の信仰習慣がある場合、寺院・教会の空間であれば抵抗なく足を運べる
⑤	作業療法士がいて本人と簡単な趣味工芸等を行なっている	スタッフに作業療法士がいれば、認知症の人が気晴らしできる作業を整えてくれることも
⑥	事前にお願いすればスタッフによるカフェまで付き添いも	なじみのスタッフができればカフェ通いも付き添いによって習慣化。認ともの一つのスタイル
●認とも		
①	本人に威圧感を与えないよう衣服やしぐさに配慮している	見当識が衰えている場合、ちょっと派手な衣服でも威圧感を与えることも。訪問者の配慮が大切
②	事前に家族やケアマネジャーから本人の情報を得ている	本人の生活観や価値観を理解することが必須。このあたりはプロの介護サービスと変わらない
③	会話の取り掛かりになりそうな本やCDなどを携えてくる	本人の趣味・趣向に合わせた「道具」をうまく使えるか。特に長期記憶に訴えやすい音楽がカギ
④	認知症カフェでの関係をもとに適切な人選をしてくれる	理屈にならない相性というものもある。認知症カフェでそのあたりの見極めができるかどうか
⑤	時には2人ペアで訪問。1人は家族の聞き役に回ってくれる	家族のストレス解消も大切なポイント。認知症カフェと同じく家族の話を聞く要員もほしい

【移送サービス・福祉タクシー】——高齢者の地域生活に欠かせない移動の支援

5 利用者の心身の具合に配慮した運転ができるか

介護が必要になっても、さまざまな動機・用事で「遠出をしたい」という人はいます。

しかし、一人暮らしや家族が「運転免許を持っていない」となれば、気軽に遠出することは難しいでしょう。高齢者に対して、行政がタクシー券などを配布しているケースもありますが、頻繁に外出するとなると上限をオーバーしてしまうこともあります。

そんなとき活用したいのが、ボランティアによる移送サービス（正式には福祉有償移送と言い、ガソリン代等の実費のみで乗車できる。会員登録することが必要というケースが多い）や、障害者割引（障害者手帳が必要）がきく福祉タクシーです。

会員登録の前に、車種や付帯設備などを確認する

移送サービスについては、地元の社会福祉協議会や最寄りの地域包括支援センターで「どのような団体があるか」「利用のための手続き等」を尋ねてみましょう。

利用者の心身の状態に応じて、車いすのまま乗車できるか、ストレッチャー対応の車種

■チェックリスト
サービスの選び方はココがポイント!【移送サービス・福祉タクシー】編

	チェックポイント	解説
①	道路運送法に基づく事業である旨の事前説明をしてくれる	たとえば一般のタクシーと福祉有償運送は何が違うのかといった点について理解を求める対応があるか
②	福祉有償運送の料金について、内訳などの説明が口頭である	運送と連動して生じる料金(迎車回送や移送先での待機にかかる料金)の説明も詳細かどうか
③	事故発生時の本人への補償について保険内容等の説明あり	自動車保険のほか、福祉移送にかかる保険など加入している保険の種類や補償の範囲など
④	所属する運転者の履歴等について担当以外の人の説明あり	会員登録した後、本人の状態が変わった場合などで対応経験のある運転者がいるかどうか
⑤	運転者のサービス前の健康チェック等にかかる説明がある	睡眠不足や体調不良の状態での運転は言語道断だが、そのあたりの規定が整っているかどうか
⑥	苦情等が生じた場合の窓口の連絡先を事前に教えてくれる	運転が粗雑であるなど気になる点があった際、改善をきちんと求めるしくみがあるかどうか
⑦	車両からのリフト昇降等での事故防止研修が行なわれている	要介護者の移送では運転中以外でも事故が発生しやすい。定期の従事者研修があるかどうか
⑧	乗車中リラックスしてもらう会話術等の研修を受けている	車に乗り慣れていない人の場合、恐怖心を訴えることも。スピードなどの出し過ぎもご法度
⑨	運転者が認知症対応の(専門職向けの)研修を修了している	見当識が衰えている場合、普段は温厚でも走行中に恐怖感から不穏になることも。専門的対応が必要
⑩	走行中の会話から得られる情報についての守秘義務を徹底	閉鎖空間の中での会話は私的なものも増えてくる。個人情報保護の誓約書が整っているか
⑪	難病など重い疾患がある場合安請け合いせず他業者を紹介	大切なのは「安全を顧みずに受けてしまう」ことではなく、事業所ネットワークを活かせるかどうか
⑫	運転者の焦りが生じないよう予定に余裕を持たせている	依頼の多さからスケジュールをぎっちり詰めたりすると大きな事故のもとに。事業者に確認を

などがあるかを確認しておくといいでしょう。会員登録などをする前に車種などを確認し、本人に与えるダメージが最小限に抑えられるかどうかもチェックします。

また、重い持病などがある場合、看護師の付き添いなどを手配できるかどうか、もしくは手配先を教えてくれるかどうかも相談してみましょう。

利用者の安全確保のためのドライバーの研修等は？

さて、車種などのハード面以外で考えておきたいのが、ドライバーの技術です。

介護が必要な人や持病のある人の移動を支援するわけですから、移送サービスのドライバーは「その際の気遣いや注意点」について研修を受けているはずです。

もし、介護保険のケアマネジャーがついているなら、本人の心身状態の情報をまとめているはず。それを事業者に提示して、「どのような気遣いをもって運転してくれるか」を尋ねてみましょう。特に、発進時の（利用者に対する）声かけ、穏やかな加速、ブレーキのかけ方やハンドルの切り方など、具体的に説明してくれるかどうかがポイントです。

もちろん、車ですからいざというときに急ブレーキや急ハンドルの操作をしなければならないこともあります。そうした場合の注意点や、利用者の具合が悪くなったときの対応などについても、きちんとマニュアル化や研修が行き届いているかも確認しておきましょう。

▼【多様な訪問系民間サービス】――介護保険で対応できないニーズを支援

6 介護保険と併用する場合ケアマネ等との協力関係は？

介護保険サービス、特に「家に来てくれる（訪問系）」サービスは、制度のうえで「できないこと」がいろいろあります。たとえば、庭の草むしり、年末の大掃除、ペットの散歩などは、介護保険の訪問介護で対応することはできません。

しかし、本人の「生活上で気になっていること」を解決できれば、「自立の意欲につながる」という可能性も高まります。その点を考えれば、介護保険は使えなくても（つまり、それなりの費用負担が発生しても）、対応できるサービスを使いたいとなるでしょう。

シルバー人材センター、民間の家事代行サービス

たとえば、庭木の手入れや大掃除、家屋内の修繕などについては、多くの市区町村にあるシルバー人材センターに依頼する方法があります。

シルバー人材センターは国や自治体の支援を受けた公益法人で、技能や経験豊かな高齢者にさまざまな仕事を委託することで、そうした人々の「働きがい」につなげています。

料金はサービス内容に応じて変わってくるので、最寄りのセンターに尋ねてみましょう。

また、介護保険で対応できない家事などの支援については、民間の家事代行サービスを利用する方法もあります。インターネットで探しても、実にいろいろなものがあります。

ユニークなサービスとして注目されているのは、本人の食事を作るだけでなく、支援者が「一緒に食べる」というスタイルです。一人暮らしの人などが、「一緒に食べる相手」がいることで食事を楽しむことができ、それが栄養改善などにつながるというわけです。

それを使うことが「生活の張り」につながるか

とにかく「いろいろなもの」があるわけですが、サービス料が高額になるものもあり、そうなると「そのお金を使うだけの価値があるかどうか」がポイントになります。

何をもって価値とするかですが、一つはそのサービスを使うことで「本人の生活に張りが生まれること」でしょう。別に介護保険サービスを使っているなら、「生活の張り」が生まれることで、介護保険のリハビリをもっと頑張ろうという気になるかもしれません。

その点を考えたとき、たとえ介護保険外であっても、介護保険サービス側としっかり情報交換をするなど協力体制にあることがベターです。たとえば、担当ケアマネジャーとどのようにやりとりをしてくれるのか、などについて尋ねてみるといいでしょう。

チェックリスト
サービスの選び方はココがポイント!
【多様な訪問系民間サービス】編

	チェックポイント	解説
①	利用自体を迷っている場合で相談だけでもていねいに対応	サービス詳細を知りたいだけの動機に（強引な勧誘をすることなく）対応できるかが事業者の質の見極め所
②	事前の訪問調査はもちろんケアマネの同席も認めてくれる	ケアプランがめざす目標と矛盾していないかどうかなど専門職が間に入っての調整が理想
③	料金の内訳について、契約前にわかりやすい明細を提示	複数の事業者からサービス内容や料金明細を取り寄せてきちんと選ぶことが保障されているか
④	訪問担当者がどのような経験を積んでいるか情報公開あり	サービス内容や対象者によっては、介護保険の訪問介護や認知症ケアの経験が重視されることも
⑤	サービスについてISO9001 認証を受けその内容の説明あり	ISO（サービス品質の国際認証）を受ける事業者も増える中、利用者へのわかりやすい説明も大切
⑥	対人・対物の賠償保険について具体例を出しての説明あり	介護保険サービスでも同様だが、行政の絡まない民間サービスだけに賠償保険は慎重に確認を
⑦	訪問者が派遣や請負などの場合、事業者との契約内容も公開	事業者との間での契約や本部での研修の有無、守秘義務等に関する説明があいまいではないか
⑧	庭木剪定や大掃除等の単発支援で作業後の点検担当がいる	作業終了時に点検者が訪問したり（作業時からの同行も）電話などでの状況確認があるか
⑨	サービス開始・終了時間の確認方法について事前に規定説明	たとえば書類にサインという場合、その場に認知症の本人しかいない場合はどうするかなど
⑩	買い物支援等だけでも手渡し時に本人の状態把握等を	本人に直接かかわらないサービスでも安否確認や状態把握の意識があることが大きな価値に
⑪	問題発生時の消費生活センター等の連絡先を教えてくれる	自発的に消費生活センターへの訴えを促してくれるというのは良質な事業者の象徴と言える
⑫	介護保険のサービス担当者会議にも拒否することなく来てくれる	生活の質の向上を図るには、介護保険外でもケアチームの一員として機能してくれるかどうか

コラム4●サービス選び＋α

認知症初期集中支援とはどんなもの？

高齢者が認知症を発症すると、家族は強く戸惑います。家族の認知症と接した経験がない場合、どうしていいかわからないまま、介護サービスを利用する発想も後回しになりがちです。

そうなると、本人への適切なケアが行き届かないまま、不穏状態などが進みかねません。家族も、ストレスから本人に対する言動などがついきつくなり、それが本人の症状をさらに悪化させるという悪循環に陥ることもあります。

医療・介護の共同チームによる訪問支援

そこで、介護サービスにつながっていないケースなどに対し、医療と介護の専門職がチームを組んで本人・家族宅を訪問し、一定の期間、集中的に相談にのったりサポートを行なうしくみがあります。

これを「認知症初期集中支援」と言います。自治体が運営する認知症総合支援事業の一つで、2018 年度からは全自治体でスタートしています。地域包括支援センターや全都道府県にある認知症疾患・医療センターなどが窓口となり、臨床経験も豊富な認知症サポート医が司令塔の役を務めるというものです。

この集中支援によって、「介護サービスの使い方がわからない」といった場合でも、要介護認定やケアマネジャーの手配などネットワークを通じた支援につなげてくれます。

ただし、地域によって運営の仕方はさまざまです。その地域特有となれば「選ぶ」とはいきませんが、自分たちの地域の認知症初期集中支援について調べておくといいでしょう。

最寄りの認知症疾患・医療センターはもちろん、自治体では認知症施策の専門窓口もできています。そうしたところで、認知症初期集中支援のしくみや使い方を尋ねてみましょう。

［巻末ガイド］

チャートでわかる・介護サービス早見表

利用条件

申請方法

かかるお金

PART 1 − 1　介護保険が利用できる人の条件は?

【STEP 1】
以下のいずれかによって、介護保険の被保険者であること
①40 ～ 64 歳で何らかの公的な医療保険に加入している人
②65 歳以上の人すべて
※外国人であっても、3ヶ月を超えて日本に滞在している人は介護保険の被保険者となる（富裕層による長期の観光での滞在などは除く）

↓

【STEP 2】
要介護（要支援）の認定の申請をする

申請方法は
173 ページへ

↓

●40 ～ 64 歳で申請できる人
以下の疾病（特定疾病）が原因で介護が必要になった人
・がん　・関節リウマチ　・筋萎縮性側索硬化症　・後縦靭帯骨化症　・骨折を伴う骨粗鬆症　・初老期における認知症　・パーキンソン病関連疾患　・脊髄小脳変性症　・脊柱管狭窄症　・早老症　・多系統萎縮症　・糖尿病性神経障害、糖尿病性腎症及び糖尿病性網膜症　・脳血管疾患　・閉塞性動脈硬化症　・慢性閉塞性肺疾患　・両側の膝関節又は股関節に著しい変形を伴う変形性関節症

●65 歳以上で申請できる人
原因疾患を問わず、介護が必要になった人

申請から認定までの流れは
174 ページへ

↓

【STEP 3】
認定を受けて、要介護 1 ～ 5、要支援 1・2 と判定される

PART 1 − 2　要介護（要支援）認定の申請方法は？

【STEP 1】
市区町村役場の介護保険担当窓口などで申請
※家族が代理で申請することもできる

↓

●役場窓口以外での申請代行のお願いも可能
●最寄りの地域包括支援センター
●入院している場合→病院のソーシャルワーカー（SW）に
●すでに担当ケアマネジャーがいる場合

Point!

きちんと「要介護認定の申請をしたい」と言わないと、簡易なチェックリストで介護保険の給付外の事業の利用を勧められてしまうこともあるので注意

↓

【STEP 2】
申請に際して必要なもの

●要介護（要支援）認定申請書
…役場窓口で入手できる。役場の HP からダウンロードも可能
必要事項を記入して印鑑を押して提出
●介護保険被保険者証
…40 ～ 64 歳の場合は、加入している医療保険の被保険者証
●個人番号カードまたは個人番号通知カード（写しでも可）
…後者の場合は、運転免許証などの身分証明証の提示が必要
●代理人（家族やケアマネジャー等）が申請する場合の身元確認書類
…運転免許証やケアマネジャーの介護支援専門員証など
（家族以外の人が申請する場合は委任状も）
●主治医の連絡先などが確認できるもの
…診察券など
※その他、市区町村によって独自に必要なものも。事前に問い合わせを

PART 1－3　申請から認定までの流れ

【STEP 1】要介護（要支援）認定の申請

市区町村から主治医に認定審査に必要な意見書を求める

Point!
①主治医がいない場合は、市区町村が指定する医療機関での健康診断が必要に
②認知症にかかる診査がポイントなので、認知症のことをよくわかっている医師を主治医に

【STEP 2】
認定調査員が本人のもとを訪ね認定調査を行なう

Point!
本人が入院中の場合は、病院で行なうことも

本人の身体・認知の能力、障害などの有無、介助の方法など74項目の質問（それ以外の特記事項もあり）

Point!
特記事項をしっかり書いてもらおう

【STEP 3】
調査票の記載をコンピュータにかけて一次判定を行なう

【STEP 4】
一次判定の結果、調査票の特記事項、主治医の意見書をもとに、介護認定審査会で話し合いによる二次判定

Point!
認定内容は175ページ参照

【STEP 5】
申請から1か月以内に、郵送で認定結果が届く

PART 2 － 1　要介護（要支援）認定の種類

認定結果は大きく分けて３種類

介護給付によるサービスが使える要介護１～５

自己負担は下記の金額の１～３割

介護給付による月あたり支給限度額（１単位＝10円として計算）
- ●要介護１　166,920円
- ●要介護２　196,160円
- ●要介護３　269,310円
- ●要介護４　308,060円
- ●要介護５　360,650円

予防給付によるサービスが使える要支援１・２

予防給付による月あたり支給限度額（１単位＝10円として計算）
- ●要支援１　50,030円
- ●要支援２　104,730円

非該当（自立できているとして、介護保険は使えない）

介護保険からの給付によるサービスは受けられないが、市区町村が運営する「介護予防・日常生活支援総合事業」によるサービスを受けることができる

介護予防・日常生活支援総合事業については180ページ参照

※注１　地域によって１単位あたりの単価は変わってくる
※注２　利用者の自己負担は上記の金額のうち、所得に応じて１～３割
※注３　介護保険施設に入るなど、サービスが１種類だけとなる場合は、そのサービスの料金が適用される
※注４　支給限度額を超過してサービスを利用すると、超過した部分の料金は（注２とは別に）全額自己負担に

※注5　介護保険施設（特養ホームや老健、介護医療院など）は、予防給付では利用できない
※注6　訪問介護と通所介護は予防給付に含まれておらず、介護予防・日常生活支援総合事業のサービスを使うことになる

※2019年10月からの消費増税に合わせて支給限度額が変わるので注意

PART 2 − 2　認定結果に納得できない場合

【STEP 1
市区町村に認定調査資料の開示請求を

認定調査票や一次判定の結果、主治医の意見書、認定会議録などの開示請求をすることができる。まず、これらの資料をチェックしてみる

それでも納得できない場合

【STEP 2】
以下のような選択肢がある

1. 都道府県の介護保険審査会に審査してもらう
   - ①認定結果が出てから 60 日以内に都道府県に不服申し立てを行なう
   - ②ただし、審査会が認定をし直すわけではなく、あくまで「認定を取り消すか否か」という審査のみ

2. 認定の区分変更申請を行なう
   - ①「本人の状態が変化したので、改めて認定が必要」という名目のもとで再認定をしてもらう
   - ②ただし、逆に軽くなってしまうといったケースもあるので注意が必要

3. 認定の有効期間満了を待って更新認定を行なう
   - ①要介護（要支援）認定には有効期間があり、満了日の60日前から認定の更新を申請できる
   - ②認定の有効期間はケースによって異なってくるので市区町村に問い合わせを

Point! 上記の１の結果が出るのは長いと90日程度。その点を考えれば、２の手段がベター

PART 3－1　わが家を中心に介護サービスを使う場合の手順①【要介護1～5基本編】※小規模多機能型を除く

【STEP 1】
サービスを調整してくれるケアマネジャーを探す（ケアマネジャーは居宅介護支援事業所に所属）

要介護認定の通知とともに送られてくる居宅介護支援事業所のリストから、事業者を選ぶ（179ページ参照）

↓

【STEP 2】
目当ての事業所に連絡。ケアマネジャーが来訪して面談（その後の流れや重要事項について説明してくれる）

ケアマネジャーが、本人のかかりつけ医などから必要な情報を得るため、「個人情報使用」の許可・規定を記した書類にサインを求められます

↓

【STEP 3】
サービス利用計画（ケアプラン）の作成に必要な調査を行なう（本人・家族の生活にかかる意向や状態などを調べる）

↓

【STEP 4】
ケアマネジャーが作成したケアプランの原案をチェック。了解したならば、プランに沿ってサービスを提供する事業者を選ぶ

Point!

1つのサービスにつき、ケアマネジャーは事業者候補を複数挙げなければなりません（法令より）

↓

事業者と契約したうえで次ページPART 3-2へ

PART 3 − 2 わが家を中心に介護サービスを使う場合の手順②【要介護1〜5基本編】※小規模多機能型を除く

前ページ PART 3 - 1 より

Point!
司会を務めるケアマネジャーの力量にも注目

【STEP 5】
選択した事業者の担当者が（原則として自宅に）集まってサービス提供の方針を話し合う（サービス担当者会議）

原則として主治医も参加します

【STEP 6】
会議で話し合われたことをもとに、ケアマネジャーがケアプランの原案を修正。完成したものでいいかどうかをチェック

各サービスの提供計画は、
ケアマネジャーもチェック

【STEP 7】
完成したケアプランに基づいて、各サービスの提供計画（リハビリ計画など細かい計画書も）が作成される。それもチェックしたうえで、サービスが本格的にスタート

それだけでなく、ケアマネジャーは、
次の月のサービス予定表を持ってきてくれる

【STEP 8】
サービス開始後、最低でも月１回は、ケアマネジャーがサービスがうまく進んでいるかをチェック（モニタリング）

PART 3 − 3　わが家を中心に介護サービスを使う場合の手順③【要支援１・２編】※小規模多機能型を除く

【STEP 1】
要支援１・２と判定される
（予防給付によるサービスが利用できる）

↓

【STEP 2】
最寄りの地域包括支援センター（以下、包括）で
予防給付によるサービスの調整・プラン作成をお願いする

最寄りの包括の連絡先は、市町村窓口で教えてもらう

↓

Point!

介護保険以外の高齢者にかかるさまざまな相談を受け付けているので、「かかりつけ」の包括をあらかじめ探しておくのがおすすめ

包括から、一般の居宅介護支援事業所に委託が行なわれる場合も

↓

Point!

一般への委託先について利用者は選べないが、担当してもらいたい居宅介護支援事業所があれば、その旨を一応は伝えたい

↓

【STEP 3】
PART3-1、2と同じく、アセスメント→プラン原案作成→サービス事業者の選択を経て、サービス担当者会議を開催

予防の訪問・通所介護は、非該当者も使う総合事業のサービスとして利用

↓

【STEP4】
本ケアプランを
作成しサービススタート

PART 3 − 4 「非該当（自立）」と判定された場合
～介護予防・日常生活支援総合事業との関連～

40～64歳の人

↓

総合事業は
利用できない

65歳以上の人

↓

【STEP 1】
市区町村や包括の窓口で
基本チェックリスト（25項目）で
生活状況などをチェック

↓

要介護・要支援になる
リスクが高いと判定

↓

【STEP 2 − 1】
包括で介護予防ケアマネジメント（サービス調整やプランの作成）を受けて、総合事業の介護予防・生活支援サービス事業へ

↓

以下のサービスが利用できる

↓

- 訪問型サービス…利用者宅を訪問し生活上の援助や機能訓練を行なう
- 通所型サービス…事業所に通って介護予防に資する運動などを行なう
- その他の生活支援サービス…栄養改善を目的とした配食や住民ボランティア等が行なう見守りなど

↓

要介護・要支援になる
リスクは低いと判定

↓

【STEP 2 - 2】
一般介護予防事業（65歳以上のすべての高齢者が対象）を受けることができる

↓

通いの場などで
介護予防体操など
を行なう

Point!
要支援1・2の人の予防訪問・通所介護は、この総合事業の訪問・通所型サービスがあてられることになります

PART 3 − 5　要介護（要支援）認定の申請を行なっていて結果が出る前にサービス利用を始めたい場合

【STEP 1】
要介護・要支援のどちらになるかわからないので、とりあえず包括に相談するのがベター

↓

確実に要介護１～５になると思われる場合は、居宅介護支援事業所を紹介してもらう（事業所を決めるのは、あくまで利用者）

要支援１・２になる可能性がある場合には、包括（もしくは委託先の居宅介護支援事業所）に予防給付のケアマネジメントを依頼

↓

【STEP 2】
予想される要介護（要支援）度をもとに暫定のケアプランを作成

思ったより軽い認定となった場合、支給限度額を超えた分は全額自己負担となるので注意する

↓

【STEP 3】
サービス事業者を選び、サービス担当者会議を経てサービス開始

Point!
要支援になる可能性がある場合、介護・予防給付の両方に対応できる事業所を選びたい

↓

要介護（要支援）認定が出て、結果が予想と異なる場合
必要に応じてケアプランを作り直してもらう

注意点！

要介護（要支援）認定の申請前にサービスを利用することもできますが、その場合は、サービス費用の全額をいったん支払い、給付分は認定結果が出た後に払い戻される（償還払い）しくみとなります

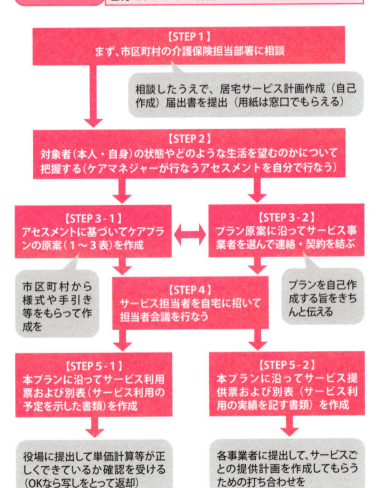

PART 3 － 6 （認定結果が出た後）ケアマネジャーに依頼せず自分でケアプラン作成・サービス調整を行なう場合

【STEP 1】
まず、市区町村の介護保険担当部署に相談

相談したうえで、居宅サービス計画作成（自己作成）届出書を提出（用紙は窓口でもらえる）

【STEP 2】
対象者（本人・自身）の状態やどのような生活を望むのかについて把握する（ケアマネジャーが行なうアセスメントを自分で行なう）

【STEP 3 - 1】
アセスメントに基づいてケアプランの原案（１～３表）を作成

市区町村から様式や手引き等をもらって作成を

【STEP 3 - 2】
プラン原案に沿ってサービス事業者を選んで連絡・契約を結ぶ

プランを自己作成する旨をきちんと伝える

【STEP 4】
サービス担当者を自宅に招いて担当者会議を行なう

【STEP 5 - 1】
本プランに沿ってサービス利用票および別表（サービス利用の予定を示した書類）を作成

役場に提出して単価計算等が正しくできているか確認を受ける（OKなら写しをとって返却）

【STEP 5 - 2】
本プランに沿ってサービス提供票および別表（サービス利用の実績を記す書類）を作成

各事業者に提出して、サービスごとの提供計画を作成してもらうための打ち合わせを

PART 3－7　入院している人の退院が決まり「家で介護サービスを利用したい」となった場合

【STEP 1】
退院の見込みがたつ

↓

入院前にすでに介護保険を利用していて、なじみのケアマネジャーがいる場合

↓

【STEP 2-1】
上記のケアマネジャーにお願いして、要介護（要支援）の区分変更申請を行なう（入院によって、以前と状態が大きく変わっている可能性があるため）

↓

介護保険サービスをまだ使ったことがない場合

↓

【STEP 2-2】
病院のソーシャルワーカーに「退院後の介護保険利用」について相談し、要介護（要支援）認定の代行申請をお願いする

この段階で、ケアマネジャーの手配も行なう

↓

退院が迫っていると、認定結果を待つ前に以下の流れとなる（つまり、暫定ケアプランの作成となる――181ページ「PART 3-5」参照）

↓

【STEP 3】
退院に向けた病院側のカンファレンス（会議）にケアマネジャーも参加して、情報を共有

↓

【STEP 4】
退院前に（暫定の）プラン原案が作成され、入院中にケアマネジャーとの打ち合わせやサービス担当者会議も

Point!

退院後にすぐサービスが開始できるようにするわけです（入院中にケアマネジャー等が、わが家の状況もきちんと見てくれているかがポイント）

PART 4 − 1 介護保険施設に入って介護を受けたいという場合

【STEP 1】
要介護認定を受ける（すでに、「家で介護保険を使っている場合は、その時点での要介護度が基準」

要介護1以上

要介護1・2だが一定の要件を満たす

要介護3以上

介護とともに手厚い医療ケアが必要 → 介護医療院 介護療養病床

リハビリ等を集中的に受けて、家へ戻ることが目標 → 介護老人保健施設

状態が重く、家で介護を受けるのが困難 → 特別養護老人ホーム

【STEP 2】
入りたい施設を探して、施設に直接申し込む
（担当ケアマネジャーがいる場合、申込みの代行も可能。最寄りの包括に相談するのも可）

●老健や介護医療院等の場合
①各施設で入所申込書をもらって記入
②かかりつけ医に診療情報提供書（もしくは紹介状）を作成してもらう
③①②を施設に提出（他に施設ごとに求められる書類があることも）

●特養ホームの場合
①市区町村のHPから入所申込書等の書式をダウンロード（もしくは役場窓口でもらう）
②上記に記入し、介護保険証とともに希望する施設へ提出

【STEP 3】
施設が入所判定を行なったうえで入所へ
（定員状況などによって待機期間が生じる場合もあり）

PART 4 — 2　要介護１・２だが、特養ホームに入りたいという場合

【STEP 1】
（要介護１・２でも入所できる）
特例入所の要件を確認する

○認知症により、日常生活に支障を来すような症状・行動や意思疎通の困難さが頻繁に見られ、在宅生活が困難な状態
○知的障害・精神障害等をともない、日常生活に支障を来すような症状・行動や意思疎通の困難さ等が頻繁に見られ、在宅生活が困難な状態
○家族等による深刻な虐待が疑われる等により、心身の安全・安心の確保が困難な状態
○以下をともに満たす場合
①単身世帯・同居家族が高齢または病弱であるなど、家族等による支援が期待できない状態
②地域での介護サービスや生活支援の供給が十分に認められず、在宅生活が困難な状態

↓

【STEP 4】
特例入所該当申込書（もしくは理由書。入所申込書と同じく市区町村窓口もしくは HP からのダウンロードで入手）で、上記の該当する理由をチェック、および具体的事情を記入

すでに家で介護保険を使っていて、担当ケアマネジャーがいる場合は、そのケアマネジャーに記入してもらう

PART 4 − 3 有料老人ホームやサービス付き高齢者向け住宅への「住み替え」を希望する場合

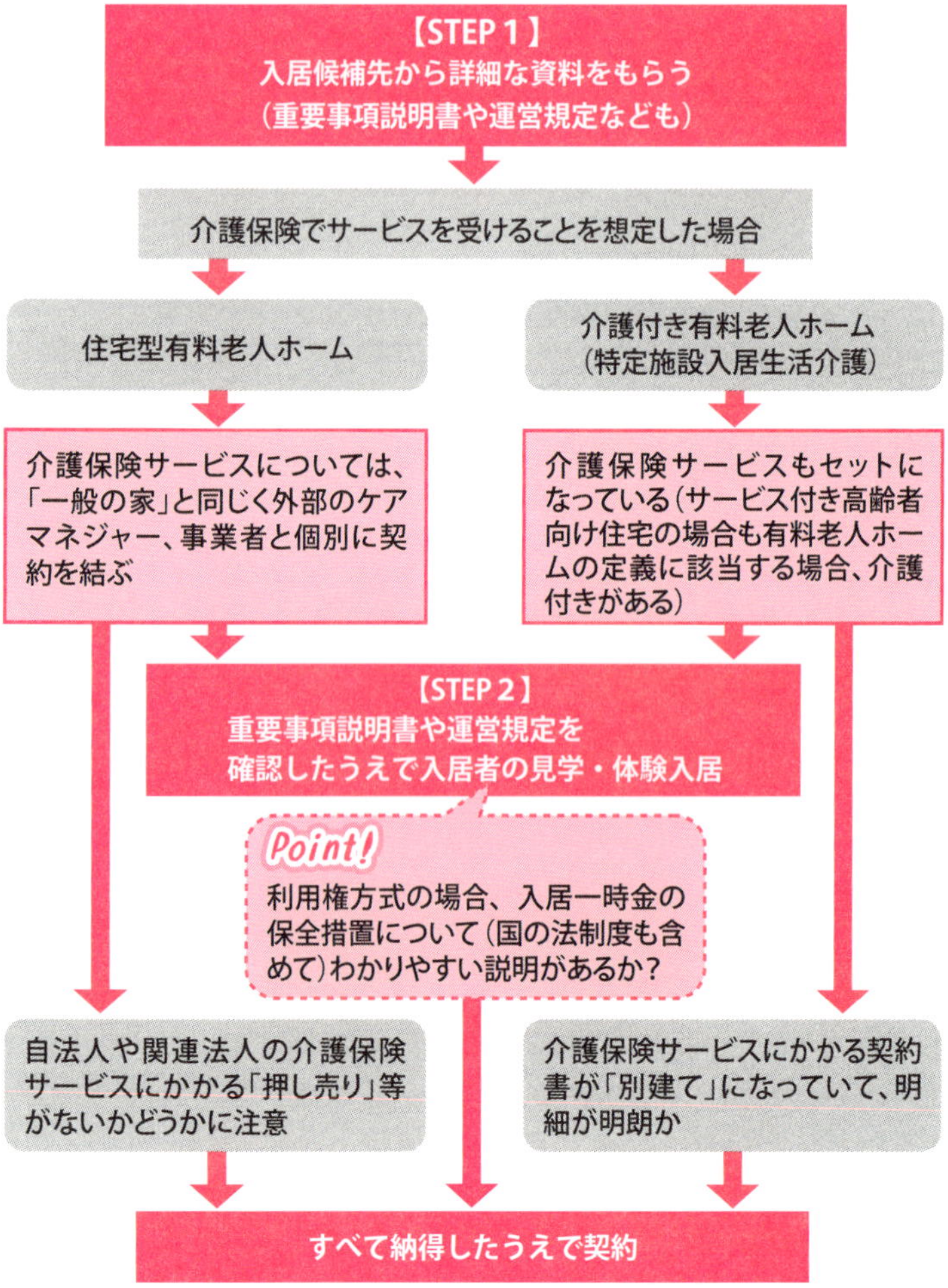
【STEP 1】
入居候補先から詳細な資料をもらう
（重要事項説明書や運営規定なども）
介護保険でサービスを受けることを想定した場合
住宅型有料老人ホーム
介護付き有料老人ホーム
（特定施設入居生活介護）
介護保険サービスについては、「一般の家」と同じく外部のケアマネジャー、事業者と個別に契約を結ぶ
介護保険サービスもセットになっている（サービス付き高齢者向け住宅の場合も有料老人ホームの定義に該当する場合、介護付きがある）
【STEP 2】
重要事項説明書や運営規定を
確認したうえで入居者の見学・体験入居
Point!
利用権方式の場合、入居一時金の保全措置について（国の法制度も含めて）わかりやすい説明があるか？
自法人や関連法人の介護保険サービスにかかる「押し売り」等がないかどうかに注意
介護保険サービスにかかる契約書が「別建て」になっていて、明細が明朗か
すべて納得したうえで契約

PART 4－4 グループホームに入って介護を受けたい場合

【STEP 1】
要介護認定を受ける
（要支援２以上であることが必要）

↓

【STEP 2】
医療機関で認知症の診断を受ける
（入居に際して認知症であることの診断書が必要）

↓

【STEP 3】
入居先候補となるグループホーム（以下、GH）に相談、見学
（必要となる医療行為などについての話し合いも）

原則として住所地がGHと同じ市区町村の人が入居可能だが、他市町村でも特例的に利用できる場合も（GHのある市区町村の同意が必要）

↓

【STEP 4】
入居希望の GH から入居申込書をもらい
認知症の診断書と一緒に記入して GH に提出
（その他、市区町村によって独自の書類等が
必要になることもあるので、GH 側に問い合わせを）

市区町村によっては、居住費（家賃分）を助成するケースもあるのでこれも確認しておきたい

↓

【STEP 5】
GH 側の入居判定をへて
OK かつ定員に空きがあれば入居可能に

PART 5－1 現在使っている介護保険サービスを止めたい・変えたい場合

【STEP 1】
担当ケアマネジャーにまず相談する

サービスに対する苦情がある場合は、市区町村の介護保険担当窓口か最寄りの包括へ
↓
ケアマネジャーの交代を望みたいという場合もまずは包括に相談してみる

【STEP 2】
ケアマネジャーと打ち合わせしつつ、①ケアプランの見直し、②新しい事業者の選定を行なう

利用者が確実に不利益を被っている場合などの事業所替えは必要だが、たとえば経済的理由などでサービス利用を休止するなどの場合、本人・家族におよぶダメージ・負担に注意を

【STEP 3】
新しい事業所を加えてのサービス担当者会議をへて見直したケアプランでサービスを再開

Point!

サービス環境が変わった直後は、利用者の生活サイクルが変わるなどさまざまな影響がおよびやすい。そんなとき、ケアマネジャーがサービス現場へと積極的に足を運んで話を聞いてくれるか

PART 5 − 2　要介護（要支援）認定の有効期間が満了に近づいてきた場合

【STEP 1】
自身の認定の有効期間を確認する

〈初回認定・変更認定の場合〉
申請月から原則 6 か月
（認定審査会の意見にもとづいて 3～ 12 か月の間で変更されることもある）

〈更新認定の場合〉
申請月から原則 12 か月
（認定審査会の意見にもとづいて 3～ 36 か月の間で変更されることもある）

2018 年 4 月より前の更新申請者は上限は 24 ケ月

有効期限が迫ってくると、市区町村や担当ケアマネジャー等から連絡があります

【STEP 2】
更新認定の申請をする
有効期間満了日の 60 日前から申請できる

有効期間満了日までだが、満了日 30 日前までに申請することが望ましい

【STEP 3】
再び、認定調査を行なったうえで新しい認定結果が出る

【STEP 4】
認定区分が変われば支給限度額も変わるので必要に応じてケアプランの見直しも行なう

PART 6 − 1 介護保険サービスにかかるお金①

わが家を中心としてサービスを使う場合

↓

居宅介護支援にかかる費用（ケアマネジャーにかかる費用）
↓
原則０円（遠距離の場合の交通費などがかかる場合あり）

＋

介護保険サービスにかかる費用
↓
所得に応じて介護報酬（公定価格）の１～３割（次頁参照）

要介護・要支援ごとの支給限度額を超えた部分は、全額自己負担

＋

通所系サービスの食費
短期入所系サービスの居住費・食費の一部（所得に応じて介護保険から給付あり）
↓
１日あたり
・食費300～1380円（基準額）
・居住費０～1970円（基準額）
※事業所によって基準額より高くなるケースもあり

＋

サービスにかかる実費（アクティビティにかかる材料費など）

施設に入所したり、居住系サービスを使う場合

↓

介護保険サービスにかかる費用
↓
所得に応じて介護報酬（公定価格）の１～３割（次頁参照）

＋

サービスにかかる実費（アクティビティにかかる材料費など）

＋

介護保険の４施設
↓
居住費・食費の一部（所得に応じて介護保険から給付あり）
↓
１日あたり
・食費300～1380円（基準額）
・居住費０～1970円（基準額）
※施設によって基準額より高くなるケースあり

医療処置によって医療費が別途発生する場合も

介護付き有料・GH
↓
居住費
食費
（GHは、自治体によって助成あり）

PART 6－2　介護保険サービスにかかるお金②

介護保険サービスにかかる自己負担

40～64歳の人
↓
原則１割負担

↑
介護保険料を２年以上滞納した場合
1、２割→３割
３割→４割
また、一時的に給付が償還払い（いったん利用料の全額を払う）ことに
→（65歳以上の人の「原則１割負担」「原則２割負担」「原則３割負担」へ）

65歳以上の人

- 本人の合計所得金額160万円未満（年金収入等で単身世帯280万円未満）→ 原則１割負担
- 本人の合計所得金額160万円以上（年金収入等で単身世帯280万円以上）→ 原則２割負担
- 本人の合計所得金額220万円以上（年金収入等で単身世帯340万円以上）→ 原則３割負担

↓

前年の所得に応じて、毎年８月に市区町村より「負担割合」を示した証明書が届きます

↓

ただし、月あたりの費用負担が一定以上になると高額介護サービス費として払い戻される

↓

月あたり上限額は？

↓

- ●現役並み所得相当（※）→44,400円
- ●一般→44,400円（ただし、2020年８月までの間、１割負担者のみの世帯は年間上限額446,400円が設定される）
- ●市町村民税非課税等→24,600円
- ●年金収入80万円以下等→15,000円

※「現役並み所得相当」とは世帯内に課税所得145万円以上の被保険者がいる場合であって、世帯年収520万円以上（単身世帯の場合は383万円以上）

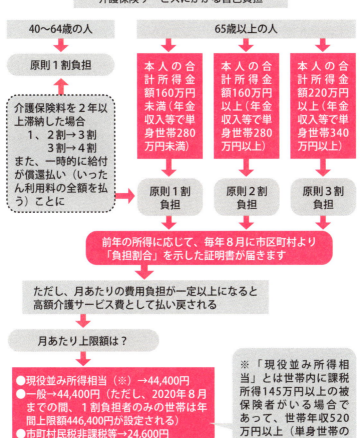

田中　元（たなか・はじめ）
昭和37年群馬県出身。介護福祉ジャーナリスト。
立教大学法学部卒業。出版社勤務後、雑誌・書籍の編集業務を経てフリーに。主に高齢者の自立・介護等をテーマとした取材・執筆、ラジオ・テレビの解説、講演等を精力的におこなっている。
著書には、『介護リーダーの問題解決マップ～ズバリ解決「現場の困ったQ&A」ノート～』(ぱる出版刊)、『認知症で使えるサービス・しくみ・お金のことがわかる本』『安心で納得できる老後の住まい・施設の選び方』(共に自由国民社刊)他多数がある。

〈イラスト図解《ずかい》〉
後悔《こうかい》しない介護《かいご》サービスの選《えら》び方《かた》【10のポイント】

2019年3月25日　初版発行

著　者　田　中　元
発行者　常　塚　嘉　明
発行所　株式会社　ぱ　る　出　版

〒160-0011　東京都新宿区若葉1-9-16
03(3353)2835 — 代表　03(3353)2826 — FAX
03(3353)3679 — 編 集
振替　東京 00100-3-131586
印刷・製本　中央精版印刷(株)

ISBN978-4-8272-1161-0　C0034